ARGENTINA:
TERRITÓRIO E GLOBALIZAÇÃO

ARGENTINA:
TERRITÓRIO E GLOBALIZAÇÃO

MARÍA LAURA SILVEIRA

editora brasiliense

Copyright © by María Laura Silveira
Nenhuma parte desta publicacão pode ser gravada,
armazenada em sistemas eletrônicos, fotocopiada,
reproduzida por meios mecânicos ou outros quaisquer
sem autorização prévia da editora.

1ª edição, 2003

Coordenação editorial e de produção: Célia Rogalski
Preparação: Cesar Ribeiro
Revisão: Luiz Ribeiro e Beatriz de Cássia Mendes
Projeto gráfico e editoração: Produtores Associados
Capa: Danilo Henrique Carvalho e Patricia Buglian

Dados Internacionais de Catalogação na Publicação (CIP)
(Câmara Brasileira do Livro, SP, Brasil)

Silveira, María Laura
    Argentina: território e globalização / María
Laura Silveira. - - São Paulo : Brasiliense, 2003.

    ISBN 85-11-00065-8

    1. Argentina - Condições econômicas 2.
Argentina - História 3. Globalização 4. Território
nacional - Argentina I. Título.

03-2413   CDD-982

Índices para catálogo sistemático:

1. Argentina : História 982

editora brasiliense s.a.
Rua Airi, 22 – Tatuapé – CEP: 03310-010 – São Paulo – SP
Fone/Fax: (0xx11) 6198-1488
e-mail: brasilienseedit@uol.com.br
www.editorabrasiliense.com.br
livraria brasiliense s.a.
Rua Emília Marengo, 216 – Tatuapé – CEP: 03336-000 – São Paulo – SP
Fone/Fax: (0xx11) 6675-0188

Sumário

Introdução 9

I – Do meio natural ao meio técnico

1. As populações indígenas e a ocupação européia
   do território 15

2. Exploração de minérios, produção agropecuária
   e contrabando 16

3. A Revolução Industrial e a nova divisão territorial
   interna do trabalho 19

II – A mecanização da produção e do território

1. A implantação de um meio técnico na Argentina 21

2. Perfil urbano de cidades-porto e pequenos vilarejos ... 24

3. Internacionalização da economia e do território 25

III – Um novo meio técnico: a industrialização nacional

1. Mercado interno e desenvolvimento industrial 31

2. Difusão do consumo e origem das conurbações 32

3. Regulações da sociedade e do território 33

IV – A globalização e o meio técnico-científico-informacional

1. Técnicas e finanças no mundo do pós-guerra 37

2. Argentina, um novo campo de forças 38

3. Objetos e organizações para a exploração
   de energia 39

   3.1 A energia hidrelétrica 42

   3.2 A produção de petróleo e gás 43

   3.3 A energia nuclear 45

4. A difusão do turismo 45

5. Fluxos e densidades informacionais 47

6. Novo espaço de fluxos 50

7. O dinheiro consolida a divisão territorial
   do trabalho 53

8. As normas no território 55

V – A urbanização e o mundo rural

1. A urbanização argentina no período atual 61

2. O novo campo 67

3. Agricultura científica: áreas centrais e frentes
   agrícolas 69

4. Os círculos de cooperação no território 78

Conclusão 81

Indicações para leitura 89

Lista de mapas 91

Sobre a autora 93

Introdução

Este livro busca oferecer uma interpretação da Argentina considerando os usos de seu território ao longo da História. Daí a necessidade de periodizar, para entender a novidade que representavam as técnicas e a política para cada momento da história do país. Em outras palavras, trata-se de um esforço para reconstruir situações do passado e do presente que assinalem a forma como a sociedade utiliza seu território.

A questão central é a escolha de variáveis que ajudem a interpretar cada situação, a explicar cada contexto histórico. Os instrumentos e os modos de trabalho, assim como as formas de vida, foram as variáveis selecionadas, pois entende-se que são eles os elementos constituintes do espaço geográfico, definido pelo par indissociável da técnica e da política.

Quando falamos de instrumentos de trabalho, estamos nos referindo tanto às primeiras ferramentas dos povos indígenas, como, mais tarde, às máquinas instaladas pelos europeus nos territórios coloniais, e, atualmente, a um conjunto de técnicas embutidas no espaço e técnicas semoventes, isto é, infra-estrutura, sementes, pesticidas, veículos de transporte, fibra óptica, redes de informática e tantos outros objetos que vêm transformar a dinâmica do campo, a produção industrial, as finanças e a vida urbana. Mas essa base técnica opera sob o comando de normas técnicas e políticas crescentemente rígidas que, entre outras conseqüências, transformaram a agricultura manual e de pousio numa agricultura mecanizada e, posteriormente, muito especializada, fundada em nexos químicos, biotecnológicos e financeiros. Para isso, contribuem as diversas formas de organização da economia, da política e da sociedade, por meio das ações das empresas, das instituições e dos indivíduos.

Passou-se de um meio natural a um meio técnico (capítulo I) – o que significa a mecanização da produção e a motorização do território (capítulo II) – e, mais tarde, a um meio técnico ritmado por um processo de industrialização (capítulo III). Nos dias de hoje, o meio geográfico ganha tal conteúdo de artificialidade que podemos chamá-lo de meio técnico-científico-informacional (capítulos IV e V).

Na evolução histórica, objetos, ações e normas vão mudando, ganham novas formas e funções. Esse processo paralelo de formação da sociedade e do território, de trabalho acumulado e trabalho presente, de construção material e política, é a formação socioespacial. O trabalho se reparte na sociedade e no território, ao sabor de necessidades externas e internas, e essa divisão social e territorial do trabalho produz, a cada período, um novo meio geográfico. Por isso, o movimento conjunto da base material e da própria vida assume em cada região uma natureza própria, conforme imperativos locais, nacionais e mundiais. Daí decorre que as regiões mudem sua constituição e hierarquia durante o processo de construção de uma nação.

O comportamento do Estado e das empresas participa em grande medida da feição dos usos do território. A concentração política e econômica em Buenos Aires, ainda que de natureza diversa ao longo dos séculos, caracteriza o território argentino, resultando num perfil urbano macrocefálico. O consumo econômico e a gestão política são dados importantes, associados à urbanização precoce e ao desenvolvimento dos transportes e comunicações.

Como no Brasil, a mecanização atingiu seletivamente as regiões argentinas. Mas o fenômeno da concentração de formas geográficas e de funções políticas e econômicas em uma única metrópole e na sua área circunvizinha foi marcante. Não houve, na Argentina, uma bipolarização em duas metrópoles, nem o deslocamento de funções políticas de uma cidade para outra. A macrocefalia foi praticamente uma característica fundacional do território e, por isso, a conseqüente dependência das regiões em relação ao porto de Buenos Aires e aos pampas foi um dos eixos das desigualdades regionais.

O processo de urbanização, iniciado muito antes da industrialização mas por ela reforçado, induziu a um consumo urbano e, sobretudo, a um consumo político que buscavam acelerar a conquista da cidadania.

No limiar do século XXI, com a globalização, o território argentino (mapas 1 e 2) conhece uma modernização de nova qualidade. Ocorre a difusão de conteúdos técnicos, científicos e informacionais por meio da implantação de grandes infra-estruturas de produção e circulação e de técnicas que permitem maior conhecimento do território. Aos tradicionais produtos agropecuários somam-se produtos globalizados como os transgênicos (soja, trigo, milho) e a criação de raças híbridas de gado. Modernizam-se também as culturas de frutas e implantam-se áreas de exploração em pedaços do território antes considerados desertos improdutivos. As novas técnicas informacionais permitem, por meio de um conhecimento mais aprofundado do território, incorporar conteúdos científicos às produções agropecuárias e aumentar as formas de exploração de petróleo, gás e energia hidrelétrica.

Consolidam-se as metrópoles nacionais, ao mesmo tempo que crescem metrópoles regionais e cidades médias (capítulo V) responsáveis pelo comando da parcela técnica dessas produções vinculadas à estrutura dos mercados globais. A produção e distribuição de informações científicas, técnicas, mercadológicas e políticas redefinem a natureza do trabalho nas grandes cidades, e o alastramento do sistema financeiro pelo país possibilita a existência de capitais adiantados na forma de créditos, empréstimos, futuros e outros novos instrumentos financeiros, aprimorando a coleta de dinheiro e contribuindo na seletividade territorial dos investimentos.

A especialização das tarefas e dos lugares demanda um leque de formas de cooperação entre atividades econômicas – transportes, comunicações, finanças, publicidade, organizações –, que se tecem no território para unir pontos e áreas de produção dispersos. São os círculos de cooperação.

Um novo arcabouço normativo é a base dessa participação crescente da Argentina na globalização. A chamada desregulação e todas as formas de privatização garantem às grandes empresas, nas diversas regiões argentinas, um novo patamar de produtividade e um território mais fluido para seus usos. Nesse contexto, as regiões participam desigualmente da modernidade atual, que acaba por constituir um modelo excludente e contraditório, pois cada vez mais despontam evidências de uma verdadeira ingovernabilidade do território.

Assim, podemos entender o território como ator da História, e entregar a ele a palavra. Essa é a teoria do professor Milton Santos, com a qual estamos trabalhando há vários anos. À sua memória dedico, com imensa saudade, este livro.

Mapa 1
A República Argentina na atualidade
2002

Fonte: Elaboração própria.

Mapa 2
As regiões na atualidade
Argentina – 2002

Fonte: Elaboração própria.

I

DO MEIO NATURAL AO MEIO TÉCNICO

1. AS POPULAÇÕES INDÍGENAS E A OCUPAÇÃO EUROPÉIA DO TERRITÓRIO

Nos séculos XV e XVI, dominando os percursos do Mediterrâneo, Espanha e Portugal afirmam-se como potências em uma fase de conquista dos mares e das terras desconhecidas. Os progressos da cartografia, a invenção de instrumentos como a bússola e o astrolábio, juntamente com as inovações incorporadas às embarcações, permitiram atravessar os oceanos e provocaram o encontro entre civilizações diferentes. Esse encontro foi marcado pela conquista e pela imposição brutal dos sistemas técnicos e políticos europeus às populações nativas.

Todavia, a implantação das formas e das normas européias não se dá sobre um espaço vazio, um verdadeiro meio natural. A população indígena, no espaço correspondente ao atual território argentino, havia construído sistemas de cultura em terraços e redes de irrigação com aquedutos e barragens. Os estágios de desenvolvimento técnico e cultural dos grupos nativos eram, porém, bastante diversos, e em boa parte do território reinava a natureza intocada.

Os imperativos de um comércio em fase de mundialização levam a uma nova organização do território, fundada, com raras exceções, na destruição dos sistemas de engenharia nativos. Os minerais preciosos, que fariam perdurar por alguns anos o papel dominante da Espanha no velho continente, são o eixo de uma política que escraviza os indígenas e acaba com seus sistemas agrícolas. O acontecer do meio natural recebe a interferência de uma lógica extrativa.

Esse processo de ocupação não se faz sem a fundação de cidades. Eram as Leis de Índias[1] que preestabeleciam a escolha do sítio, o desenho em tabuleiro de xadrez[2], a forma das ruas, a localização dos prédios públicos e religiosos.

Essas normas da Coroa são aplicadas à fundação de cada uma das cidades da embrionária rede urbana, resultado dos movimentos colonizadores do século XVI. A corrente do Oeste estabelece os sítios das cidades de Mendoza, San Juan e San Luis, enquanto a corrente do Alto Peru funda Santiago del Estero, Córdoba e Tucumán. A corrente do Atlântico é responsável por Buenos Aires, Santa Fe e Corrientes (mapa 3). Num momento em que os caminhos são precários e os transportes, lentos, esses núcleos ocupam o papel de postos de parada no trajeto dos minérios do Alto Peru para a Europa e, na direção inversa, dos alimentos para essas áreas de exploração.

Cria-se, assim, uma primeira divisão interna do trabalho nos novos territórios. Tucumán e Santiago del Estero oferecem roupas de algodão, madeiras e couros; San Luis fornece ouro para a fabricação de moeda; Mendoza e San Juan especializam-se em vinhos e frutas; e Córdoba, além da manufatura têxtil, é a sede das autoridades eclesiásticas, das escolas e de outras atividades culturais.

2. Exploração de minérios, produção agropecuária e contrabando

Graças ao crescimento do comércio mundial em grande escala – e ao seu corolário, a abundância de metais procedentes da América –, certos países europeus atingem um novo patamar de desenvolvimento. Espanha e Portugal não são, porém, os países que aprimoram sistemas técnicos e organizações políticas e comerciais para assegurar o domínio do Novo Mundo. Os países do Mar do Norte, especialmente a Holanda, melhoram suas frotas navais e, paralelamente, vêem nascer as bolsas e praças mercantis.

O avanço da ocupação no continente é marcado, já no século XVII, pelo ritmo da necessidade de matérias-primas para a manufatura no

---

1. Conjunto de normas da Coroa espanhola que visavam a organizar a ocupação das novas terras.
2. Desenho ortogonal do plano urbano, com quarteirões regulares e ruas formando ângulos retos.

Mapa 3
Movimentos colonizadores do século XVI
Argentina

Fonte: Elaboração própria.

Velho Mundo e pela formação de mercados de ultramar para os novos produtos europeus. A região dos pampas ganha uma parcela desse trabalho que irá se prolongar durante muitos anos, mesmo que transformada pelas mudanças técnicas e políticas: a produção de couro, sebo e carne salgada, com a Europa e o Brasil como destinos finais. Não se trata ainda da criação de gado, mas da caça ao gado chimarrão, que tinha se reproduzido livremente nos campos férteis das áreas próximas a Buenos Aires. Esses bens eram objeto não apenas de comércio legal, mas, crescentemente, de contrabando.

Malgrado a perda da liderança econômica nos mundos mediterrâneo e atlântico, a regulação que a Espanha exercia sobre os territórios coloniais era determinante para o comércio. Mas o vice-reinado do Alto Peru despontava como um excelente mercado potencial para a Europa, e o porto de Buenos Aires mostrava-se estratégico para os novos circuitos mercantis. Por esse motivo, as potências em ascensão – sobretudo a Inglaterra – desenvolvem, com sede em Buenos Aires, um tecido de relações comerciais feitas na base do contrabando e pressionam a Espanha para liberar o uso desse porto aos demais países.

Não era apenas a força normativa do reino espanhol que impedia a abertura do porto. Havia também os interesses das primitivas burguesias que participavam do comércio de Lima e exerciam o monopólio das atividades legítimas de intercâmbio, resistindo tanto ao contrabando quanto aos projetos de legalização do comércio com outras potências. Numa tentativa de perpetuar seus benefícios, esses grupos criaram uma alfândega seca[3] em Córdoba, em 1622. Essa norma teve repercussões territoriais, uma vez que criou empecilhos às relações comerciais entre Buenos Aires e o interior.

Com o tempo e os favores da Inglaterra, a pequena aldeia tornou-se uma cidade portuária de importante movimento comercial, advindo dos fluxos ilegais de exportação de prata e importação de manufaturas holandesas e inglesas. Sua hinterlândia alcançou a Vila Imperial do Potosí, centro da área de mineração que se igualava a Londres e superava Madri, Roma ou Paris em população, com 160 mil habitantes em 1660.

Por sua vez, as porções meridionais do vice-reinado eram motivo

---

3. Instância de controle aduaneiro fora dos portos marítimos e fluviais.

de preocupação para a Coroa espanhola. Em 1684, uma Real Cédula[4] ordena o deslocamento da população indígena do litoral patagônico para o interior do continente, a fim de não dar refúgio aos invasores estrangeiros. Em meados do século seguinte, o jesuíta Falkner realiza uma expedição à Patagônia e chama a atenção para o fato de que certas áreas poderiam ser utilizadas pelos ingleses como bases para atacar os povoados chilenos. Assim, a Espanha decide explorar o rio Negro e fixar população nessas áreas, por meio da fundação da cidade de Carmen de Patagones.

3. A REVOLUÇÃO INDUSTRIAL E A NOVA DIVISÃO TERRITORIAL INTERNA DO TRABALHO

Os albores da industrialização e as inovações técnicas nos transportes permitem o comércio à distância e o deslocamento das matérias-primas do novo para o antigo continente. Como potência mundial, a Inglaterra procura impor a vários países as exigências da sua indústria: novos mercados para sua produção fabril e áreas temperadas aptas para a produção de insumos e alimentos para uma população que se urbaniza.

Trata-se, assim, de uma maior complementaridade mundial dos territórios, o que aumenta a pressão sobre a Espanha para abrir o porto de Buenos Aires ao mercado mundial. Em 1776, numa tentativa de manter o poder político nesse território, a Espanha cria o vice-reinado do Río de la Plata, com capital em Buenos Aires, independente do Alto Peru. A nova estrutura administrativa é acompanhada por um conjunto de normas: o Regulamento de Comércio Livre.

Privilegiando a cidade de Buenos Aires em detrimento de Lima, essa decisão política afirma a predominância dos pampas e promove a integração do território colonial ao mercado inglês. A produção de carne, lã e couro ganha novas técnicas, autorizando-nos a falar da implantação de um incipiente meio técnico no território.

A caça ao gado chimarrão é gradualmente substituída pela criação de gado bovino e ovino em fazendas, buscando refinar as raças e conseguir maior rendimento. A partir do século XVIII é incorporada

---

4. Real Cédula: norma da Coroa espanhola aplicada nos territórios coloniais.

outra inovação técnica: o *saladero*, um estabelecimento onde se preparavam os couros e as carnes produzidos nas fazendas para a exportação.

Os novos usos do território conduzem a uma decadência relativa das cidades do interior, que se agrava com o processo de independência política, entre 1810 e 1816, e seu papel na diminuição do intercâmbio do interior com o Alto Peru. Em 1820, a população total do país não ultrapassa os 500 mil habitantes.

Por outro lado, com a produção artesanal arrasada pela concorrência dos produtos europeus, algumas regiões buscam inserção na nova divisão territorial do trabalho, reivindicando para si uma parcela da criação de gado. Responsável pela distribuição de terras, o Estado favorece, por meio de vendas e doações de uma porção considerável do território, a cristalização de uma estrutura fundiária altamente concentrada. Em 1840, 293 pessoas possuem 9,3 milhões de hectares, o que significa a média de 31.740,6 hectares por proprietário.

As funções comerciais e portuárias, e sobretudo o papel de intermediação tanto na entrada dos produtos importados quanto no comércio da produção de Tucumán, Córdoba e Cuyo, atribuem a Buenos Aires uma nova hierarquia. Esse movimento é facilitado pela implantação do primeiro banco, que permite à cidade administrar a moeda e certas operações comerciais, amparadas também pela exclusividade dos direitos de alfândega do porto de Buenos Aires.

Desde as guerras da independência até 1862, momento em que ocorre a unificação num verdadeiro Estado Nacional Argentino, a forma político-jurídica do território é uma Confederação de Províncias em que cada uma usufrui de certa autonomia, e Buenos Aires comanda os assuntos exteriores e o porto. Apesar desse papel de guardiã do comércio de todo o território, Buenos Aires não conta com um porto provido de boa infra-estrutura. Na realidade, a construção dos cais e outras melhorias seriam iniciadas na década de 1820.

As dinâmicas da formação socioespacial davam-se, assim, em um meio técnico incompleto, uma vez que a mecanização do território era escassa e circunscrita a Buenos Aires.

II

A MECANIZAÇÃO DA PRODUÇÃO
E DO TERRITÓRIO

1. A IMPLANTAÇÃO DE UM MEIO TÉCNICO NA ARGENTINA

No decurso da segunda metade do século XIX, aumentam as densidades técnicas no território graças à chegada de inovações como a estrada de ferro, o telégrafo, a eletricidade, a iluminação pública urbana, o serviço de água corrente e os insumos e semoventes da produção agropecuária.

Com a implantação da primeira estrada de ferro no país, em 1857, capitais públicos nacionais e britânicos são responsáveis pela expansão da rede ferroviária, que passa de 732 km em 1870 para 2.500 km em 1880, e chega a 12 mil km em 1890. Enquanto a primeira estrada de ferro inglesa data de 1825, e a francesa, de 1841, em 1869 completa-se, nos Estados Unidos, a primeira ferrovia a cruzar o continente americano. Considerando a velocidade da difusão das inovações no século XIX, podemos falar em uma certa contemporaneidade de implantação dos objetos da modernidade no país em relação à Europa e aos Estados Unidos.

Uma situação semelhante revela-se no caso do telégrafo, que, existindo como possibilidade histórica em 1832, se instala na Argentina em 1860. Com cerca de 22 mil km de extensão, em 1885 a rede é a segunda maior da América Latina e atende a um fluxo de 568 mil telegramas. Ainda mais rápida é a implantação do telefone, que, disponível no mundo em 1876, chega à Argentina quatro anos mais tarde. No primeiro decênio do século XX o país reúne a metade dos telefones da América do Sul.

O campo beneficia-se com inovações que revolucionam a produção de pastagem e a criação de gado – tais como a técnica do aramado[5], que começa a ser utilizada em 1870 –, permitindo o refinamento das raças e maior especialização produtiva das regiões. A produção aumenta também em virtude da refrigeração, que possibilita a exportação de carne congelada para a Europa. Com a instalação, a partir de 1883, de vários frigoríficos de capital britânico na área do Río de la Plata, o crescimento das exportações é enorme, passando de 17 mil reses nesse ano para 3 milhões em 1901. A cadeia de frio amplia-se com a utilização dos navios frigoríficos. Em meados de 1870, os Estados Unidos fornecem mais da metade das importações de carne da Grã-Bretanha; em 1901, graças à incorporação dessas inovações, a carne argentina já representa 60% das importações inglesas desse produto.

O crescimento das terras agrícolas esteve desde cedo vinculado à expansão das ferrovias na Argentina. Em 1885, quando a extensão da rede é de 4.541 km, a superfície cultivada atinge 686 mil hectares. Em 1930, 34.900 km de estradas de ferro associam-se a 8,6 milhões de hectares cultivados.

O território é usado com novos objetivos e técnicas. Porém, a difusão de máquinas de produção e transporte é mais restrita à porção dos pampas, sem que ocorra uma generalização dessas variáveis ao resto do território. Não é propriamente uma industrialização, mas uma mecanização de certas produções, como a utilização do motor elétrico e da linha de montagem nos frigoríficos, na primeira metade do século XX, e sobretudo a motorização do espaço nacional.

Paralelamente, a rede ferroviária possibilita a unificação dos mercados do interior com o de Buenos Aires, transformando a dinâmica anterior, na qual a região de Cuyo vinculava-se principalmente com o Chile, o Nordeste estava ligado ao Brasil e o Noroeste, à Bolívia (mapa 4).

A partir dos primeiros decênios do século XX, inclusive após a Primeira Guerra Mundial, o campo argentino conhece a difusão de máquinas como as ceifeiras, semeadoras e debulhadoras. Elas chegam principalmente à província de Buenos Aires, onde a cultura de cereais permite que 70% das tarefas agrícolas sejam mecanizadas, enquanto

---

5. Graças aos cercados de arame, a criação torna-se planejada, com áreas para pastagem e confinamento de animais, para evitar sua reprodução livre, melhorando, assim, as raças.

Mapa 4
Rede ferroviária nacional
Argentina – 1996

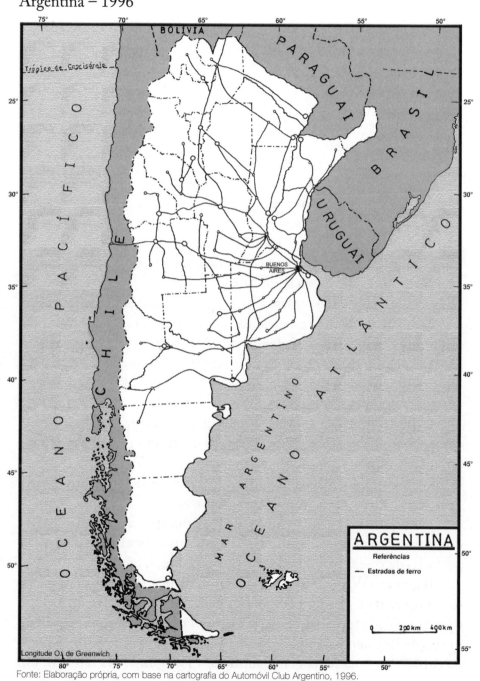

Fonte: Elaboração própria, com base na cartografia do Automóvil Club Argentino, 1996.

no resto do país são apenas 30%. Ainda que tardia em relação aos Estados Unidos e à Europa, essa mecanização vem responder à falta de mão-de-obra no campo, em um país onde a taxa de urbanização já é elevada e incrementada pelos contingentes de imigrantes que se estabelecem nas cidades. De algum modo, a motorização do território argentino antecede a mecanização da sua produção.

2. Perfil urbano de cidades-porto e pequenos vilarejos

As áreas contíguas ao porto de Buenos Aires, num primeiro momento, e depois as áreas mais longínquas, consolidam-se como produtoras de cereais e carne e revelam a expansão das fronteiras do uso do território nacional e a densificação técnica do meio geográfico.

Uma rede de transportes e comunicações de forma radial consolida a hierarquia da província de Buenos Aires e assinala o padrão das sucessivas ondas de inovações. Em um país novo, de grande tamanho, escassamente povoado e especializado em produção agropecuária para o mercado externo, as cidades-porto têm papel essencial, com seus serviços de importação e exportação, comércios atacadista e varejista, funções de governo, educação e saúde. Elas são, por isso, a porta de entrada desse meio técnico.

O porto de Buenos Aires ganha uma tecnicização que permite contar com informações técnicas para as operações e, ao mesmo tempo, lutar contra as condições naturais adversas. A empresa Bunge e Born, por exemplo, instala no porto, em 1902, elevadores automáticos de cereais e quatro ferrovias de uso exclusivo.

Paralelamente, o porto fluvial de Rosario, apto a receber os navios do oceano e economizar os fretes ferroviários, é orientado para a exportação de cereais produzidos na província de Santa Fe.

Ingeniero White, na cidade de Bahía Blanca, deve seu crescimento à prosperidade das porções meridionais dos pampas. Nó ferroviário e porto, a cidade torna-se, de um lado, tributária de uma zona cerealífera e espaço claramente complementar a Buenos Aires e, de outro, a porta de entrada de uma região em ocupação, a Patagônia. Há também um pequeno porto no norte da Patagônia, originado de um forte militar do fim do século XVIII. San Antonio Oeste fora equipado, na virada do século XIX para o século XX, com alguns recursos como farol e telégrafo, que lhe permitem funcionar. Mas a pequena profundidade do canal e as grandes amplitudes das marés tornavam-no, nessa época, pouco utilizável.

Uma vastidão rural é povoada apenas pelos *cascos* [6] das fazendas e por pequenos vilarejos separados por grandes distâncias. Fundados na época da construção das ferrovias, esses lugarejos abrigam uma escola, uma mercearia, o juizado de paz e a polícia. A centenas de quilômetros, em Bahía Blanca, Rosario ou Buenos Aires, são decididas em grande parte as questões técnicas da produção e, além dos mares, a maior parcela dos assuntos políticos dessa mesma produção.

O processo de urbanização é crescente. Em 1895 a população urbana representa 37% do total; em 1914 são 52,7%. Nas primeiras décadas do século passado, Buenos Aires – que superava em população Amsterdã, Madri ou Roma, e nos Estados Unidos apenas três cidades tinham essa população – destaca-se pelo desenho das ruas, pelos parques e pela monumentalidade dos edifícios públicos. Os bondes começam a ser movidos por eletricidade e os hotéis e edifícios residenciais incorporam elevadores elétricos. Buenos Aires transforma-se, de uma aldeia de contrabando, em uma cidade moderna e europeizada. Todavia, uma realidade urbana bifronte é assinalada, entre outros, por James Scobie (*Buenos Aires. Plaza to suburb, 1870-1910*, 1974), que contrasta a elegância e o cosmopolitismo das áreas da Plaza de Mayo e do eixo Peru-Flórida com os cortiços dos trabalhadores imigrantes.

3. INTERNACIONALIZAÇÃO DA ECONOMIA E DO TERRITÓRIO

O poder público promove um processo modernizador a partir de investimentos do Tesouro e de concessões ao capital inglês. Como vimos, é o momento da construção da rede ferroviária, da implantação dos frigoríficos, da modernização dos portos, da colonização agrícola, da incorporação de novas áreas de criação de gado – com a ocupação

---

6. *Cascos*: construções que, numa fazenda, são destinadas à moradia, armazenagem e outros serviços.

da Patagônia – e do aperfeiçoamento do sistema bancário tendente à unificação dos mercados do país.

Com um meio técnico bastante consolidado, na segunda metade do século XIX a Argentina já integra o grupo dos grandes países produtores de trigo, carne e lã. Em 1914 o país alcança o terceiro lugar no grupo dos exportadores mundiais de cereais, ainda que sem abandonar a produção de carne, leite e derivados.

Em função dos desígnios de uma nova divisão internacional do trabalho, as regiões interioranas ganham especializações produtivas: o cultivo de açúcar em Tucumán; as videiras, frutas e a elaboração de vinhos em Mendoza; e a erva-mate no Nordeste. Santiago del Estero, área de florestas de quebraços, é valorizada como fonte de madeira para a construção de estradas de ferro e de lenha para as locomotivas, mas sobretudo para a obtenção do tanino utilizado na elaboração do couro.

Fonte de energia e matéria-prima industrial desde o século XVIII, ainda no fim do século XIX o carvão é um bem altamente valorizado e suporte de um meio técnico em implantação. Em 1900, cerca de 96% da energia consumida no mundo é produzida com essa substância. Mas os países europeus, sobretudo a Inglaterra, concentram 80% da produção mundial e parecem desestimular a exploração em outras nações. As estradas de ferro que conduzem a Mendoza, Jujuy e Patagônia permitem o acesso a ricas bacias do minério, porém a extração limita-se apenas ao fornecimento de combustível para aqueles trens, de propriedade inglesa.

Na segunda metade do século XIX o petróleo já é explorado comercialmente nos Estados Unidos e na Europa, especialmente a partir da invenção dos motores de explosão e de combustão interna e dos conseqüentes progressos dos aviões, navios e locomotivas. Na Argentina, ao contrário, há pausas enormes entre as descobertas de carvão e petróleo e sua efetiva exploração. Descobertas em 1887, as jazidas meridionais de carvão de Río Turbio permanecem inexploradas até meados do século seguinte. Ao descobrimento de petróleo em Mendoza, em 1827, seguem-se tentativas infrutíferas de exploração comercial; somente os anos 30 assistiriam à bem-sucedida ação da empresa pública Yacimientos Petrolíferos Fiscales.

São as ferrovias que produzem uma aceleração no ritmo de comercialização de minerais do Noroeste do país. As economias de mineração de La Rioja, Catamarca, Salta e Jujuy passam a estar a apenas algumas horas dos portos.

Em um país de grande extensão, a mecanização do território e as novas possibilidades de comunicação permitem avançar no continente e expandir o conhecimento dos lugares. Incorporam-se áreas à produção e despontam novos ritmos de atividade agropecuária e comércio. Em decorrência, aumentam as relações entre as diferentes localidades e sua população. A organização do comércio exterior e o comando técnico de um campo em processo de modernização têm sede nas cidades de Buenos Aires, Rosario, Córdoba, Paraná, Santa Fe e Bahía Blanca.

Na medida em que o uso do território nacional é fortemente ligado ao exterior, seja pela demanda de certos produtos como cereais de clima temperado e carnes, seja pela difusão de técnicas ou pela origem dos capitais, cria-se a necessidade de estabelecer formas de organização aptas a essas dinâmicas. É o caso do Pool Argentino de Granos[7], fundado em 1930.

Nessa direção, o Banco de la Nación é a âncora do sistema bancário: emite moeda, concentra metade dos depósitos nacionais e é o *clearing-house*[8] para todas as demais instituições financeiras. Essa centralização financeira contribui para a unificação dos mercados.

Novas velocidades imprimem outros ritmos de produção, e por isso as regiões ganham novos arranjos. A modernidade técnica e política que se instala contribui para aprofundar a dependência do país em relação ao centro do sistema mundial, pois as complementaridades aumentam e se multiplicam ao sabor das funções de produção e consumo, destinando às antigas colônias o papel de espaços derivados. Cabe ao sistema urbano um certo comando dos sistemas de engenharia necessários para a criação de gado e para a agricultura, assim como a organização local do mercado.

Contudo, as novas vias de circulação entre as regiões e a abertura

---

7. Nova forma organizacional que vem regular a produção e a exportação de cereais. Pode-se dizer que sua criação é contemporânea com o estabelecimento do Canadian Wheat Pool (1923), o Federal Farm Board (1929) e o Agricultural Adjustment Administration (1935), nos Estados Unidos, e o Office du Blé (1936), na França.
8. *Clearing-house*: atividade de compensação de documentos (cheques e outros) entre bancos.

para o tráfego internacional cooperam no sentido de aumentar a concentração litorânea da população e do trabalho, da técnica e da política, em detrimento de um interior que não pode abrigar as funções próprias da nova divisão territorial do trabalho.

De uma estrutura jurídica colonial que proibia a construção de caminhos inter-regionais e desestimulava a navegação interior, no ensejo de evitar a autonomia política de outros pedaços do território, passa-se a uma legislação republicana que declara a liberdade para todos os países de navegar e comercializar nos rios argentinos. É a política do livre comércio imposta pela Inglaterra, que, somada às possibilidades técnicas do período, participa da definição de uma fase de internacionalização do mundo. Essa potência ostenta o raro privilégio de contar, ao mesmo tempo, com importante desenvolvimento tecnológico e acumulação significativa de capital.

Na Argentina, a unificação do Estado nacional estabelece um patamar mais sólido para a presença dos capitais britânicos, que chegam a representar, em 1900, 80% do total dos investimentos estrangeiros. Favorecidas por um novo marco de regulação, as firmas inglesas, responsáveis pelo financiamento da construção das ferrovias, recebem como garantia terras e uma renda por quilômetro construído. Daí as complementaridades técnicas e organizacionais com a produção agropecuária, a construção de frigoríficos e a exportação, nas quais a presença desses capitais é maciça. A nascente agricultura de exportação e a criação mais refinada de gado na Argentina decorrem, certamente, das demandas de uma Europa em processo de industrialização e de urbanização.

Os novos calendários para produzir e circular, permitidos pela motorização do território, impõem uma nova visão de mundo. Entendido como inelutável, o progresso assegura o domínio da natureza, que se submete à vocação e ao ritmo da modernização. É nesse contexto, e com forte apelo à unidade político-territorial do país, que se ocupa a Patagônia, proclamando a necessidade de "civilizar o deserto", acabar com os vestígios da "barbárie" indígena e incorporar terras à produção.

Isaiah Bowman (*South America. A geography reader*, 1928, p. 21), um dos fundadores dos estudos de frentes pioneiras, escreve:

"A Patagônia tem sido longamente conhecida como uma das regiões remotas do mundo, e até poucos anos ela foi praticamente uma terra desconhecida. Nos mapas das mais antigas geografias ela era chamada 'terra de ninguém'...".

Por um lado, a incorporação dessa área oferece extensão e clima propícios para a criação de ovinos da raça merino e, por outro, libera os férteis pampas bonaerenses para a expansão da agricultura e a criação de gado bovino.

Esse é também o momento das grandes migrações. A população argentina passa de 1,7 milhão de habitantes em 1869 para cerca de 8 milhões em 1914. Italianos e espanhóis integram o contingente mais numeroso. Transforma-se a estrutura demográfica com a incorporação de um maciço grupo de ativos. Ao mesmo tempo, há uma expansão e uma diversificação das demandas, pois os imigrantes trazem consigo uma vocação de consumo dada pelas suas necessidades insatisfeitas. Forma-se, assim, uma espessa classe média que inicialmente, por ser estrangeira, não participaria diretamente da vida política.

Ao mesmo tempo, os imigrantes transplantam para o território argentino técnicas e organizações apreendidas por meio de longas tradições familiares. Nas colônias agrícolas de Santa Fe e de Entre Ríos, do interior da província de Buenos Aires e do Vale Alto do Río Negro, italianos e espanhóis reproduzem formas de cultivo que utilizavam no Velho Mundo. Colônias menos numerosas são constituídas por galeses nas cidades de Gaiman e Trevelín, no território que hoje fica na província de Chubut; por alemães na cidade de Quilmes; e por ingleses em Buenos Aires. O progresso associado à imigração é um eixo do discurso oficial.

Como vetor externo, a industrialização européia ocupa papel central na configuração do novo meio geográfico na Argentina. Essa situação se prolongaria até os anos 1930, momento em que o processo de industrialização nacional torna-se um vetor interno da reorganização do território.

III

UM NOVO MEIO TÉCNICO:
A INDUSTRIALIZAÇÃO NACIONAL

1. MERCADO INTERNO E DESENVOLVIMENTO INDUSTRIAL

Durante longo momento da história nacional, o ritmo de implantação e difusão do meio técnico foi dado pelas necessidades advindas da industrialização dos países avançados. A partir dos anos 1930 a situação torna-se diferente. É sobretudo um processo de industrialização doméstica que passa a comandar a organização do território argentino.

Assinalado pela crise financeira de 1929 em Wall Street, um conjunto de fatores, como a queda internacional das demandas, a diminuição dos preços dos bens primários e o fim da incorporação de novas terras produtivas, acentua a brecha entre os países, em virtude da diferença dos valores das matérias-primas e dos produtos manufaturados importados.

Face à depreciação dos preços internacionais e da demanda exterior, os grupos nacionais com interesse no mundo agrário comandam o primeiro momento do processo industrial, na busca de substituir, via produção doméstica, as importações. Esses grupos hegemônicos retomam o governo graças ao golpe militar de 1930, após duas presidências de Yrigoyen, que havia sido apoiado por uma massa popular politicamente marginal.

Com 12 milhões de habitantes em 1930, a Argentina reúne condições para desenvolver um mercado interno que seja a base do processo de industrialização. Especialmente nos anos 1940, a indústria ganha força a partir do nacionalismo popular instaurado por Perón.

A Segunda Guerra Mundial contribui para acelerar o desenvolvimento de ramos que, como a metalurgia, são chamados a produzir as peças que faltam nos sistemas técnicos introduzidos no período anterior pelos capitais estrangeiros. Além disso, uma política de distribuição de renda eleva os níveis de vida, favorecendo o consumo e, com ele, o crescimento dos setores têxtil e de confecções, alimentício, de maquinário e de eletricidade.

A fabricação local de uma parte do maquinário agrícola, em paralelo à necessidade de aumentar a produtividade dos lugares, consolida a mecanização do campo, sobretudo na região dos pampas. Incrementa-se, desse modo, o consumo de máquinas, fertilizantes e sementes, que contribui para novamente aumentar a produção.

Coexistem nessa época um enxame de pequenas fábricas e oficinas e algumas grandes firmas de capitais estrangeiros que acabam por instalar fábricas no país. As primeiras utilizam equipamentos usados ou criam suas próprias máquinas, enquanto as grandes incorporam a tecnologia mundial moderna. Tendo como base principal o trabalho, em comparação ao capital, e usufruindo do próprio mercado interno, as pequenas empresas garantem o funcionamento da economia num território caracterizado por uma urbanização concentrada em poucas cidades.

Mas o modelo não dura muito tempo. Quando a nação é de novo arrojada ao jogo do mercado mundial, uma importante defasagem tecnológica enseja a brutal penetração do capital financeiro.

2. Difusão do consumo e origem das conurbações

O processo de especialização do trabalho nas cidades-porto – com as diversas formas de produção material e de serviços, e as funções político-administrativas e culturais – reforça a polarização em certos pontos do território argentino. Além da liderança de Buenos Aires, é nesses anos que Rosario, La Plata, Mar del Plata, Bahía Blanca, Paraná e Santa Fe aumentam seu tamanho e formam conurbações, o que acontece também com certas cidades do interior, como Córdoba, Mendoza, Tucumán e San Juan.

As políticas de desenvolvimento econômico e industrial e suas respectivas regulações, a partir da construção de sistemas de engenharia e da atribuição de novas funções às cidades de mais alta hierarquia na rede urbana nacional, têm um papel relevante. Graças à mecanização do campo, a uma política fundiária que favorecia os grandes terratenentes e a uma oferta de emprego urbano relativamente maior, os imigrantes instalam-se nessas cidades, ajudando a promover a difusão do consumo e o aprofundamento da divisão social e territorial do trabalho, que por sua vez aumenta a necessidade de movimento.

O perfil macrocefálico da rede urbana argentina já é evidente. Em 1920, Buenos Aires e sua periferia reúnem 30% da população do país e, em 1947, 32,5%. Na metade do século XX formam-se as conurbações, mercê à difusão do consumo, ao aumento do número de automóveis, às políticas de favorecimento do transporte rodoviário em detrimento do ferroviário – tanto de cargas quanto de passageiros (mapas 4 e 5) –, à chegada dos imigrantes do interior e à busca, por parte das classes menos favorecidas, de interstícios na cidade que lhes permitam usufruir das economias de aglomeração. A metrópole torna-se o meio propício para as pequenas produções industriais e para a instalação de oficinas de conserto e fabricação de peças. Após a Segunda Guerra Mundial, a Região Metropolitana de Buenos Aires concentra mais da metade do emprego industrial do país.

Contando com uma rede de metrô construída a partir da primeira década do século XX, Buenos Aires conhece uma estrutura compacta que favorece a sua precoce verticalização e o acesso direto ao centro urbano. É na metade do século que a cidade amplia sua mancha urbana ao ritmo dos fatores mencionados.

3. REGULAÇÕES DA SOCIEDADE E DO TERRITÓRIO

Nos anos 1940, o território argentino torna-se palco e ator do conflito de interesses entre o capital inglês, já instalado e desejoso de renovar seus privilégios junto ao Estado nacional, e o capital americano, que busca granjear novos espaços de ação na América Latina.

Antigo projeto britânico, o Banco Central é criado em 1940 como forma de garantia ao comércio com essa potência, ao monopólio dos seus créditos e transportes e à estatização dos seus investimentos deficitários. A regulação centralizada do comércio exterior e a unificação dos bancos oficiais provinciais são possivelmente as conseqüências mais significativas da implantação dessa instituição, convergindo, no comando das atividades agropecuárias, com a Junta Nacional de Granos, a Junta Nacional de Carnes, o Mercado Nacional de Papas e a Comisión Reguladora de Yerba Mate, entre outras.

Enquanto o poder público estabelece uma rede de indústrias militares e associadas, começa a vigorar o Plano de Reativação Industrial, marco normativo do processo de substituição das importações, cujo objetivo principal é, ao lado do Instituto Argentino de Promoción del Intercambio e do Banco Industrial de Desarrollo, reorientar as rendas agrárias para o nascente setor industrial, por meio de subsídios, créditos e fornecimento de serviços. O papel do Estado não se limita, porém, à regulação dos agentes privados, pois o intuito é constituir um Estado empresário. Essa é a época em que ocorre a fundação de várias empresas de transporte e energia e a nacionalização de outras que estavam em mãos de capitais estrangeiros.

Os progressos mundiais dos setores de navegação, aeronáutica e circulação terrestre que chegam ao país – ainda que com certo atraso – produzem a demanda de novos recursos e a densificação dos fluxos. Aplicando políticas keynesianas[9], o Estado cria suas próprias empresas e intervém nos demais setores da economia.

Se no período anterior o espaço de fluxos restringia-se, amiúde, à circulação ferroviária, nessa nova fase a construção e a pavimentação de alguns eixos rodoviários e os novos fluxos aéreos, marítimos e fluviais – graças à criação de empresas públicas de transporte – respondem ao aumento da especialização e da divisão do trabalho e, conseqüentemente, incrementam-se as relações entre as regiões. Todavia, mesmo com uma política homogeneizadora em relação ao território, esse Estado empresário parece esquecer-se das marcadas disparidades regionais.

As demandas de energia próprias das indústrias aceleram a passagem da utilização da madeira e do carvão como combustíveis para o

---

9. Políticas Keynesianas: aplicação das idéias de Keynes. Ampliação das funções econômicas do Estado e, sobretudo, das despesas públicas na área social, na produção e na circulação.

Mapa 5
Rede rodoviária nacional
Argentina – 1996

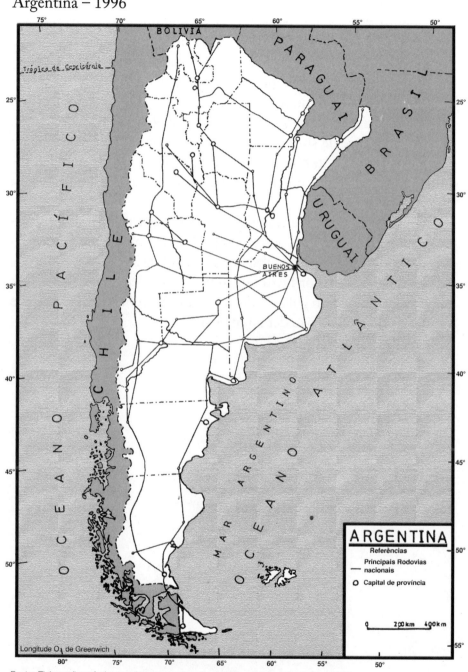

Fonte: Elaboração própria, com base na cartografia do Automóvil Club Argentino, 1996.

uso do petróleo, e as caldeiras cedem lugar às centrais termoelétricas, com sistemas técnicos mais complexos e eficientes. Em 1955, o petróleo representa cerca de 90% do combustível usado nas indústrias do país. O crescimento da procura deve-se ainda à mecanização do campo e à motorização do território. Nesse processo de reorganização do sistema de movimento, os capitais americanos vinculados ao petróleo e à indústria automobilística ocupam papel fundamental.

Por outro lado, os aumentos salariais, as férias pagas e outros benefícios decorrentes da conquista de direitos pelos trabalhadores – que constituem a base de sustentação do governo peronista – contribuem para a expansão e o aprofundamento do consumo, não apenas de produtos industriais e de construção, mas também de serviços públicos, educativos e turísticos.

O uso de técnicas relativamente obsoletas, que não permitem atingir grau de eficiência comparável aos parâmetros mundiais, e a dependência da política pública de subsídios para a sobrevivência dos pequenos capitalistas e para maior lucro dos grandes são elementos-chave para manter a política de regulação do trabalho. As contradições sociais e territoriais do modelo não demoram a vir à tona.

IV
A GLOBALIZAÇÃO E O MEIO TÉCNICO-CIENTÍFICO-INFORMACIONAL

1. TÉCNICAS E FINANÇAS NO MUNDO DO PÓS-GUERRA

No período compreendido entre o final da Segunda Guerra Mundial e a crise do petróleo de 1973, os países centrais vivem uma fase de expansão que tem impacto na organização da economia e do território dos países periféricos. Trata-se de um processo de transferência de capitais, destinados sobretudo à indústria e, mais tarde, às finanças.

Essa internacionalização decorre da consolidação dos Estados Unidos como potência mundial, com a Pax Americana[10] e a instauração do eurodólar[11]. Na passagem da década de 1960 para a de 1970, a doutrina Nixon e a figura de Kissinger e sua política de balanço do poder[12] constituem certamente dados importantes para compreender o papel dos Estados Unidos na imposição de um sistema técnico, próprio do período técnico-científico, na Ásia e na América Latina. É o momento da instalação de numerosas filiais de empresas americanas automobilísticas, petroquímicas, siderúrgicas e eletrônicas na América Latina, configurando o primeiro estágio da globalização. Buenos Aires, Córdoba, Rosario, La Plata e Bahía Blanca aparecem como os

---

10. Pax Americana: nova ordem mundial instaurada após a Segunda Guerra Mundial, com o acordo de Bretton Woods (1944) e a conseqüente instauração do dólar dos EUA como parâmetro universal (substituindo o padrão-ouro).

11. Eurodólar: depósito em dólares das empresas transnacionais dos EUA na Europa, especialmente no setor de *off-shore*, em Londres. O mercado de eurodólares floresce na década de 1960. Com uma liquidez suplementar, os países centrais emprestam dinheiro aos países do Terceiro Mundo e contribuem para o seu endividamento.

12. Política de balanço do poder: supõe que os Estados fortes e semi-fortes do sistema interestatal tendem a estabelecer alianças, de modo que nenhum país sozinho possa dominar os demais. Ideologia que os EUA buscam aplicar ao resto do mundo.

principais pontos de localização industrial, revelando um novo momento de especialização do território.

Após a Segunda Guerra Mundial, um sistema mundial sustentado pela energia térmica barata e por uma organização financeira relativamente flexível entra em colapso. A conquista de mercados financeiros na periferia é o caminho escolhido para superar a crise, uma vez que possibilita, sobretudo, um retorno à escassez e, com ela, à revalorização das divisas. O resultado desse ato de império é o endividamento em grande escala dos países do Terceiro Mundo, que absorveram o dinheiro que sobejava no circuito financeiro.

2. ARGENTINA, UM NOVO CAMPO DE FORÇAS

O movimento mundial de expansão de capitais e, na Argentina, a ruptura da aliança entre empresários e operários acabam com um modelo de tom nacionalista e inauguram, com efêmeras interrupções, um período duradouro de abertura ao capital estrangeiro.

A partir das décadas de 1960 e 1970, o ingresso das firmas transnacionais no país é significativo. Graças a sua força política e econômica, essas empresas obrigam o Estado a modernizar o território para facilitar a implantação de novas formas técnicas e organizacionais. Por isso as reformas jurídicas têm papel central na preparação das condições sociais e territoriais. Em 1958, durante o governo de Frondizi, é sancionada a Lei 14.780, de radicação de investimentos estrangeiros e livre transferência de utilidades e capitais. O novo quadro regulatório assegura ao mesmo tempo a permanência e a fluidez dos capitais hegemônicos no país.

Paralelamente, a desregulação do mercado petrolífero nacional facilita a negociação de contratos com amplas concessões para as firmas estrangeiras, incorporando aceleradamente vastos pedaços da formação socioespacial – as bacias petrolíferas das regiões Noroeste, Cuyo e Patagônia – à nova divisão territorial do trabalho. O avesso dessa dinâmica de investimentos é a remessa dos lucros das empresas estrangeiras, os *royalties* e a importação de peças e maquinário.

Entrementes, o próprio processo de industrialização transnacional atrai um conjunto de serviços que ganham relevância na economia. Essa é também uma tendência do meio técnico-científico-informacional (Milton Santos, *Espaço e Método*, São Paulo, 1985), que conduz a uma aceleração dos fluxos e, por conseguinte, a uma aceleração dos intercâmbios monetários e de consumo, com a crescente intermediação do subsistema financeiro. Nessa direção, o consumo imaterial – educação, saúde, informação, lazer, turismo – continua a crescer, vinculado sobretudo a uma influência maior da publicidade e à chegada das firmas estrangeiras a tais setores da economia.

As grandes cidades acolhem atividades dinâmicas cujo comando político nem sempre é exercido no país e também atividades sem relevância contábil nas estruturas produtivas nacional e mundial, que não utilizam sistemas técnicos modernos e pouco se regem pelos imperativos globais da organização.

3. Objetos e organizações para a exploração de energia

A modernização do equipamento energético desponta como um traço fundamental da instalação do meio técnico-científico-informacional na Argentina. Em diversas áreas interioranas as atividades vinculadas à exploração de energia vêm substituir os campos agrícolas ou a criação de gado como dados estruturadores do arranjo territorial. Em outras áreas criam-se sistemas de engenharia em pedaços vazios do espaço nacional.

Graças ao aperfeiçoamento e à difusão de novas técnicas, o território torna-se cognoscível e riquezas são descobertas, ao mesmo tempo em que passa a ser rentável o transporte de combustíveis em grandes distâncias. Convergindo em Buenos Aires, a rede de dutos e refinarias revela o mapa nacional das demandas e, seu contraponto, a baixa densidade técnica da rede na maior parte do território (mapas 6 e 7).

Vastos pedaços do país esquecidos durante longos anos, como a Patagônia, são revalorizados e ganham usos na nova divisão territorial do trabalho. Implantam-se sistemas técnicos integralmente contemporâneos, pois as inovações chegam a um meio quase vazio. As distâncias

Mapa 6
Rede de oleodutos
Argentina – 1996

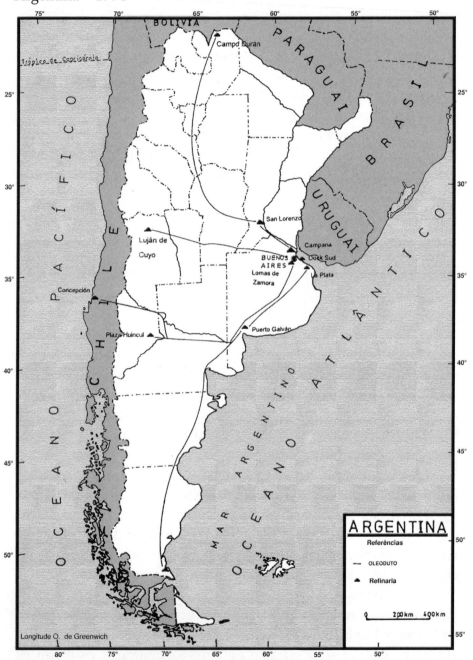

Fonte: Elaboração própria, com base nas informações de Yacimientos Petrolíferos Fiscales, 1996.

Mapa 7
Rede de gasodutos
Argentina – 1996

Fonte: Enargas, 1996.

ARGENTINA: TERRITÓRIO E GLOBALIZAÇÃO

que separam as cidades são grandes, uma vez que sua ocupação coincide com sua motorização.

3.1. A ENERGIA HIDRELÉTRICA

Nos anos 1960, o modelo técnico das grandes hidrelétricas espalha-se pelos países do Terceiro Mundo, acompanhado por um discurso que faz alusão à produção de grandes quantidades de energia e à irrigação de áreas agrícolas orientadas para exportação, ainda que na maior parte das situações apenas o primeiro objetivo seja atingido. Superando largamente a capacidade financeira das nações e sobretudo suas demandas genuínas, essas infra-estruturas criam a necessidade de empréstimos internacionais. Essa é uma modalidade importante de alocação de capitais financeiros nos países periféricos.

A exploração de energia hidrelétrica na Argentina é balizada pela chegada de inovações técnicas de transmissão em longas distâncias. O uso de lugares afastados com aptidão técnica para a produção hidrelétrica permite o exercício de uma ação política que, aumentando a oferta de energia nas áreas de maior densidade populacional e econômica, reforça o modelo territorial concentrado.

Uma das mais importantes obras é a construção, em 1972, na porção norte da Patagônia, do complexo El Chocón-Cerros Colorados, cuja energia alimenta a Região Metropolitana de Buenos Aires. Futaleufú, em Chubut, e mais tarde, sobre o rio Limay, Piedra del Águila, Alicurá e Pichi Picún Leufú perfazem o subsistema de hidrelétricas dessa área. O Nordeste – a outra importante região fornecedora do Sistema Interconectado Nacional (SIN) – abriga grandes sistemas de engenharia, como Yaciretá, sobre o rio Paraná (construída em parceria com o Paraguai), e, sobre o rio Uruguai, Itaipu, Uruguai e Salto Grande (em cooperação internacional).

Quando o poder público reserva para si uma parcela da organização técnica e política da produção energética, ele está complementando a ação das firmas globais no território argentino. Os governos militares fundam empresas e organizações para desenvolver projetos energéticos, obter créditos internacionais e unificar o comando das redes técnicas. Importam-se pacotes técnico-financeiros que incluem tanto o projeto e a construção das hidrelétricas quanto os créditos de organismos internacionais. Yaciretá, por exemplo, destinada a fornecer 40% da demanda energética do SIN, tem, além dos fundos do Tesouro nacional, créditos do Banco Mundial, do BID (Banco Interamericano de Desenvolvimento) e do Eximbank do Japão.

Espalham-se no território verdadeiros sistemas de barragens, sob o ritmo do ingresso do país nas redes financeiras globais. A distribuição das hidrelétricas responde a fatores técnicos como o relevo e o volume de água dos rios, ao mesmo tempo que o desenho da rede decorre da vinculação entre os centros de produção e as principais áreas urbanas das províncias do Nordeste e da Patagônia, e sobretudo da Região Metropolitana de Buenos Aires.

Não apenas as técnicas utilizadas são interligadas, mas também os objetivos que permeiam os discursos técnicos e políticos dos governos nacionais e mundiais sobre as novas formas geográficas. A produção maciça e barata de energia, a regulação dos rios e enchentes e, em alguns casos, a irrigação aparecem como propósitos explícitos da construção de grandes sistemas técnicos cuja estrutura e funcionalidade são semelhantes.

3.2. A PRODUÇÃO DE PETRÓLEO E GÁS

Em função da aceleração da construção de dutos nas décadas de 1980 e 1990, a produção e a exportação de petróleo e gás aumentam significativamente, passando a ocupar o segundo lugar na pauta do comércio exterior argentino. Graças à finalização do trecho chileno do oleoduto internacional, a Argentina torna-se o primeiro fornecedor subcontinental de fluidos ao país vizinho e o segundo provedor do Brasil. Paralelamente, a ampliação da produção de gás e a construção de gasodutos no território nacional visam a satisfazer o consumo doméstico.

A construção e o controle das redes de dutos estão no cerne das disputas e alianças entre agentes hegemônicos, e a concessão de pedágios desses sistemas de engenharia desponta como manifestação visível desse movimento[13]. É assim que veículos menos específicos e velozes para o

---

13. O duto que transporta petróleo da Argentina para o Chile é administrado pela empresa Oleoducto Trasandino S/A, que está formada pela Repsol-YPF (a antiga empresa pública Yacimientos Petrolíferos Fiscales, comprada pelo grupo espanhol Repsol), pela Enap (empresa petroleira estatal do Chile) e pelo Banco Río. O pedágio que as demais firmas petroleiras devem pagar pelo uso do sistema representa 35 milhões de dólares anuais.

transporte de petróleo, como o caminhão, o trem e o navio, são progressivamente substituídos por sistemas técnicos mais precisos e eficientes.

É sobretudo o ritmo de extração que constrói uma nova hierarquia de áreas produtoras: Salta, Jujuy, Formosa, Mendoza, La Pampa e notadamente as províncias patagônicas de Neuquén – que com cerca de 34% da produção nacional é a primeira província produtora –, Río Negro, Chubut, Santa Cruz e Tierra del Fuego. Criam-se redes de pontos em que uma atividade, cadenciada pelos comandos dos centros hegemônicos, reorganiza as relações do lugar.

O ingresso das firmas petrolíferas globais no espaço nacional é acompanhado do crescimento de empresas domésticas e *holdings* que, como a Bridas, a Pérez Companc e a Astra, se especializam na perfuração e exploração, no transporte e nos postos de gasolina, e se expandem para os setores de seguros, finanças e indústrias.

As possibilidades técnicas do período, como a recuperação secundária das perfurações consideradas esgotadas, criam novas interfaces para as empresas privadas. Utiliza-se, por exemplo, um sistema de registro sísmico tridimensional que permite, com base em sismógrafos de alta potência e sistemas informáticos interativos, descobrir petróleo a mil metros de profundidade e elaborar uma informação quantitativa sobre os compartimentos dos reservatórios e seu conteúdo. Corporações como a Exxon e a Petrolera San Jorge valem-se, nos seus trabalhos, dessa inovação técnica. Seus modernos instrumentos de trabalho e suas formas organizacionais permitem-lhes percorrer o território nacional associando-se ou diversificando as tarefas. Esses serviços prestados à então empresa pública Yacimientos Petrolíferos Fiscales (YPF) – hoje YPF Repsol – asseguram a elas o acesso a regalias, preços especiais e novas concessões. No momento seguinte, essas firmas domésticas também tornam-se globais e, junto das empresas estrangeiras, acabam por impor sua divisão do trabalho, nesse período da globalização, à divisão social e territorial do trabalho da nação argentina. Todas essas inovações técnicas tornam o território mais conhecido, isto é, suas virtualidades e os novos horizontes de produtividade: é uma produção de informação, essencial na época atual, que nem sempre é produzida e comandada pelo poder público.

A antecedência do trabalho intelectual, como no caso dos métodos de simulação física e matemática das jazidas, aumenta a exatidão das tarefas técnicas e permite economia de tempo e dinheiro. Existe, sobretudo em áreas novas, uma crescente convergência entre as atividades econômicas planejadas e as que realmente são executadas, para obter o maior lucro em cada lugar.

3.3. A ENERGIA NUCLEAR

Diferentemente dos sistemas de engenharia térmicos e hidrelétricos, constituídos basicamente pela difusão de inovações externas, os equipamentos de produção nuclear na Argentina decorrem sobretudo de pesquisas localmente desenvolvidas. Ao contrário do conhecimento concernente à energia térmica e hidrelétrica, que é um produto comercializável, o saber atômico é restrito àqueles que o produzem. Por essa razão, a produção nacional desse saber global confere à Argentina o controle sobre seu desenvolvimento nuclear e, por conseguinte, certo poder estratégico.

As crescentes demandas energéticas nacionais, o aumento das exportações de fluidos e a existência de um projeto nacional de desenvolvimento nuclear conduzem à utilização de um conjunto de objetos antes circunscritos ao âmbito da pesquisa nos centros especializados. Desse modo, muda o mapa da produção e do consumo de energia, pois as usinas atômicas aumentam sua participação no balanço energético, fornecendo 15% da eletricidade consumida no país. Sua grande vantagem é o fato de os equipamentos nucleares caracterizarem-se por um ritmo contínuo de trabalho, sendo capazes de fornecer eletricidade durante a manutenção das outras engrenagens do sistema energético.

Desenvolvem-se no Centro Atômico Ezeiza pesquisa e produção vinculadas às áreas médica, agrícola e de conservação de alimentos. Existem, então, complementaridades não somente com o setor elétrico, mas também com a cientização da agricultura e da criação de gado e com a multiplicação de aplicações médicas.

4. A DIFUSÃO DO TURISMO

Hoje a publicidade inunda cada interstício da sociedade e antecipa a vocação de consumo, disseminando sobre o território as formas de consumo não-material, entre elas o lazer e o turismo. A multiplicação e a modernização dos centros turísticos são apenas manifestações desse fenômeno.

A prática do esqui já havia sido um dado central na organização das cidades "alpinas" na primeira metade do século XX, inspiradas num consumo europeizado. É o caso de San Carlos de Bariloche e seu centro de esqui Catedral, e de San Martín de los Andes e seu centro Chapelco. Enquanto esses complexos ganham novos conteúdos técnicos e organizacionais, nas últimas décadas são construídos centros de esqui como Caviahue, na província de Neuquén, e Las Leñas, na província de Mendoza, caracterizados pelo uso de técnicas mais modernas e destinados a um público nacional e internacional de alta renda.

Em cidades como Bariloche, que combina o turismo de classes altas com o turismo maciço das classes médias e estudantil, instalam-se nos anos 1980 e 1990 certas cadeias de hotéis internacionais, como Edelweis, Panamericano e Club Mediterranée, e em Caviahue inaugura-se um centro integral de montanha da empresa Filippo Costa.

Paralelamente, as atividades modernas da economia, com a conseqüente circulação de pessoas, e as políticas globalizadas das próprias empresas hoteleiras confluem para determinar a implantação, em Buenos Aires – mas também em Córdoba, Mendoza e Mar del Plata –, de hotéis de luxo dotados de centros de conferências e congressos, como Park Hyatt, Caesar Park, Intercontinental, Holiday Inn-Panamericano e Sheraton.

Nos dias atuais, o trabalhador independente ou com contrato temporário, num contexto de flexibilização trabalhista e de terceirização nas empresas, torna-se o único responsável pelo custo das pausas em seu trabalho. Esse virtual desaparecimento das férias pagas, a aceleração da velocidade da circulação e a força da publicidade convergem, entre outros fatores, para fragmentar o período de férias e, em decorrência, para que as pessoas sejam mais móveis nos pólos turísticos. A proliferação de roteiros turísticos e o crescimento do número de associados aos *time-sharing*[14] – que em meados da década

---

14. *Time-sharing*: sistema de organização turística no qual o associado tem o direito de usufruir sua residência de férias durante um período do ano (por exemplo, uma semana no mês de julho). É uma empresa que organiza o calendário anual dos imóveis.

de 1990 era próximo a 30 mil – evidenciam a forma como o território se torna uma paisagem a ser consumida.

5. FLUXOS E DENSIDADES INFORMACIONAIS

Graças ao advento da informática como suporte técnico no território, a circulação da informação conhece desenhos reticulares. A difusão mundial, nos anos 1980, do sistema operacional DOS, da Microsoft Corporation – que se torna uma linguagem informática hegemônica –, ocupa papel central no movimento da informação nos países. Possibilita maior complementaridade entre equipamentos e organizações, fundada numa técnica única. Mas na Argentina a multiplicidade de sistemas operacionais perdura até meados da década de 1980, demonstrando um atraso relativo em seu grau de participação na globalização da informação.

Ao abrigo da unicidade desse sistema operacional, vai difundindo-se mais tarde uma informação para a produção. Certas empresas passam a utilizar, para trabalhar com dados como localização e distância, sistemas de informação geográfica que lhes permitem planejar com mais eficiência suas ações em termos de tempo, dinheiro e áreas de mercado.

Nessa direção, novos sistemas organizacionais são implantados a partir das bases técnicas dadas pelas redes informáticas internas às empresas. Processamento de dados paralelos ou centralizados e serviços de interoperabilidade entre equipamentos e marcas fornecem um novo patamar às firmas, e constituem-se formas de um terciário superior, quaternário ou qüinqüenário[15] nas mãos de megaempresas como a IBM. Além disso, a internet, manifestação visível da unificação técnica, avança rapidamente pelo território argentino.

Várias empresas de informação – como as editoras de revistas e jornais especializados de economia (*Mercado, Negocios, Ámbito Financiero*), os institutos privados de pesquisa, as firmas de consultoria e outras corporações nacionais e internacionais – comercializam seus bancos de dados, aumentando o conteúdo de informação das ações e,

---

15. A complexidade que ganha o setor terciário da economia no atual período técnico-científico-informacional autoriza a falar em um terciário superior, quaternário ou qüinqüenário, que inclui a produção e a distribuição de informações e serviços de alta especialização.

portanto, a diferença operacional entre empresas mais informadas e outras menos informadas. Dentre as empresas que oferecem seleções e sínteses de matérias jornalísticas, observa-se uma divisão do trabalho: algumas, como a InfoActiva, orientam-se para os assuntos de economia e negócios; outras, para o mercado de trabalho, como a Actio, o risco creditício, como a Veraz, ou a informação proveniente dos programas de rádio e televisão, como a Infofax.

Dentre as agências de informação, salienta-se a Nosis, uma firma nacional que acompanha os movimentos da bolsa local e dos bancos, além de oferecer serviços de notícias e mercados e um sistema de alertas creditícios. A brasileira CMA proporciona dados sobre ações, *commodities*, estoques, câmbio, bônus e taxas. A Reuters fornece cotações e notícias sobre os mercados da América do Sul, do Chicago Mercantil Exchange (CME) e da NYSE (Bolsa de Comércio de Nova York). Já nos anos 1970, várias firmas do setor agroalimentar estão associadas a esses serviços de informações.

Como rede informacional, o Instituto Nacional de Tecnologia Industrial (INTI) participa da criação de densidades técnicas nos lugares e da difusão de um *know-how* científico-técnico na indústria. Por meio de departamentos, setores especiais e centros de pesquisa, localizados majoritariamente no Parque Tecnológico de Miguelete (San Martín, província de Buenos Aires), e de agências regionais e centros de informação, esse instituto oferece serviços de ensaios e análises, certificação de produtos, acesso a tecnologias e formação profissional. Alguns departamentos e centros de pesquisa também distribuem-se pelo país. Dentre eles, destacam-se um centro de frutas e hortaliças em Mendoza; de sucos em Río Negro; de meteorologia e materiais em Córdoba; e, nessa mesma província, um instituto orientado para as pesquisas sobre milho. Em Santa Fe existem um centro de promoção e extensão e um de trigo, e na província de Buenos Aires há centros de secagem de grãos, pesca, couro e madeira. Essa rede organizacional pública participa da consolidação da divisão territorial interna do trabalho, com ênfase nas funções regionais históricas.

As grandes firmas tecem com essas instituições públicas uma rede que vincula suas atividades de R&D[16], geralmente de localização

---

16. R&D: é a sigla com a qual se identifica o departamento de pesquisa e desenvolvimento das grandes empresas (*Research and Development*).

metropolitana, visando obter assessoria e assistência técnica. Nos últimos anos vários convênios são assinados entre universidades, institutos públicos de pesquisa e empresas para desenvolvimento de tecnologia, produtos e processos, conforme a crescente necessidade de antecipar o trabalho intelectual à produção material.

Por outro lado, as regiões são chamadas a elaborar bancos de dados sobre seus recursos naturais, sua população e a organização econômica e política do seu território. Por meio desses inventários, feitos amiúde pelos governos provinciais e por instituições e universidades com financiamento internacional, o Banco Mundial e o Fundo Monetário Internacional podem contar, entre outros dados, com um conhecimento detalhado sobre a população, o emprego, a renda e o uso da terra urbana e rural no país. Esse conhecimento é um instrumento para a aplicação das políticas tributárias e a garantia aos pagamentos de dívidas. No caso das grandes empresas, por exemplo, a informação sobre recursos renováveis e não-renováveis lhes confere melhor posição nas negociações de contratos e na influência que exercem para a sanção de leis. É o caso dos negócios petrolíferos e do chamado *agribusiness*.

A economia, mas sobretudo o território, torna-se alvo preferencial desses bancos de dados. Em um período no qual a informação assume papel fundamental no funcionamento do país, nos movimentos do mercado e, enfim, na dialética do território, a elaboração de inventários e a venda de informações são atividades altamente rentáveis e, ao mesmo tempo, elementos fundamentais para a produção e a circulação.

Por outro lado, o progresso das técnicas na mídia concorre com outros elementos para aumentar a torrente de informações banais nos lugares. Ainda que possa também ser utilizada em diversos tipos de produção, essa informação significa essencialmente o aprofundamento de um consumo não apenas de produtos, mas também político, de educação e cultura, de lazer e turismo, de saúde e, novamente, de informação.

Graças aos novos veículos da informação e à busca nunca concluída, por parte das firmas, de homogeneizar a demanda de bens e serviços no território por meio da publicidade, as diversas regiões buscam imitar a metrópole. Estações de rádio FM nas diversas cidades do interior transmitem simultaneamente, por meio do satélite, os noticiários de

Buenos Aires. O *Ámbito Financiero*, principal jornal econômico do país, é editado via satélite, a partir da capital federal, em Córdoba, Mendoza, Neuquén e Resistencia.

Inovações técnicas como a televisão via cabo, a transmissão via satélite de programas de rádio e televisão e a edição de jornais em várias cidades em tempo real ampliam as áreas de influência da informação, ao mesmo tempo que criam necessidades de consumo e dão relevo à desigual distribuição geográfica de produtos e serviços. Esse é o primeiro passo para a chegada de novos objetos e de novas formas de fazer aos lugares.

6. Novo espaço de fluxos

Buscando as virtualidades de cada lugar, e graças às possibilidades técnicas de separação das instâncias do processo produtivo, o trabalho é hoje mais dividido no território do que era antes. Essa dissociação territorial cria a necessidade de um movimento maior, uma vez que devem circular matérias-primas, produtos, serviços, comandos, dinheiro, normas e informação entre as regiões. Resultado da especialização do trabalho e de sua divisão social e territorial, esse processo aumenta as relações entre regiões centrais e lugares longínquos, onde o processo produtivo, normativo ou financeiro se completa.

Na Argentina, não se trata somente de um aumento do número de viagens, mas também de uma reestruturação do mapa dos pontos interligados em função das novas valorizações das regiões e das atuais velocidades. Certos trechos ferroviários, como Buenos Aires-Mar del Plata ou Buenos Aires-Mendoza, são modernizados para o transporte de passageiros. Outros são privatizados, como o que une a capital federal com a província de Neuquén e, em mãos da *holding* Loma Negra, foi orientado para o transporte de cargas de suas indústrias cimenteiras e da sua produção frutífera regional. Enquanto o ramal com destino a Mar del Plata responde sobretudo a um fluxo turístico maciço originado nas áreas metropolitanas, as transformações no trecho Rosario-Buenos Aires asseguram a circulação fluida de pessoas e de cargas dentro do principal aglomerado urbano-industrial do território argentino. A modernização das ferrovias da região de Cuyo permite a exportação de suas frutas, e também a saída das mercadorias bonaerenses e brasileiras pelos portos chilenos do Pacífico.

Nesse processo de privatizações algumas ferrovias são desativadas nas porções do território onde as atividades econômicas interessam menos aos agentes hegemônicos. Em função das novas velocidades, o sistema ferroviário acaba por prescindir das funções das antigas e pequenas cidades-base, fundadas no avanço das estradas de ferro no século XIX e separadas por distâncias hoje consideradas curtas. Uma rodovia internacional ou um trem de alta velocidade, sistemas técnicos introduzidos na virada deste século, são fatores de uma nova urbanização concentrada em poucas cidades devido a sua crescente autonomia técnica.

As prementes necessidades de circulação do período atual e o uso das estradas de ferro para o transporte de cargas acabam por impulsionar ainda mais o sistema de viação do país. Os crescentes fluxos de passageiros são repartidos entre um punhado de oligopólios, enquanto o transporte de cargas permite a coexistência de algumas empresas menos poderosas. Nesse contexto, o poder público deve responder pelas condições das rodovias e outros equipamentos de circulação, ainda que uma boa parte dos trechos mais freqüentados das estradas tenham sido entregues a concessionárias privadas, sob regime de pedágios.

Motivada em grande parte pela desregulação da aeronáutica, a expansão dos fluxos aéreos internos e entre países limítrofes é significativa. Hoje são trinta chegadas e trinta partidas diárias entre Argentina e Brasil, das quais 17 vôos chegam a Buenos Aires procedentes de São Paulo e 14 têm essa cidade como destino. Outros trechos unem Buenos Aires ao Rio de Janeiro, Porto Alegre, Florianópolis, Curitiba, Belo Horizonte, Brasília, Salvador, Recife ou Fortaleza. Recentemente, Córdoba e Rosario também ganham rotas ligando-as a cidades brasileiras.

Nos vôos domésticos, a novidade do período é a vinculação direta entre regiões. Dessa forma, há uma relativa ruptura do tradicional esquema aéreo, que, reproduzindo a lógica das redes terrestres, concentrava as interconexões na capital federal. Hoje, os novos usos do território – sobretudo as novas valorizações dos lugares –, as especializações do trabalho material e intelectual e a utilização do avião como veículo de carga propiciam comunicação direta entre as principais cidades do interior. Uma empresa como a Southern Winds vincula algumas regiões sem passar por Buenos Aires.

Por outro lado, a utilização crescente de táxis aéreos e jatos – que permite às empresas maior flexibilidade nos seus deslocamentos – densifica o espaço de fluxos e promove a separação espacial das instâncias de produção e de gestão. As empresas petrolíferas são assíduas usuárias desse sistema de transporte. Existem hoje 2 mil aeronaves particulares na Argentina.

Assim como um maior e mais especializado uso do território cria a necessidade de movimento, esta, por sua vez, implica a implantação de mais equipamentos no território. Se o aumento dos fluxos aéreos responde a um maior dinamismo e cientização da agricultura e da criação de gado, da mineração e das atividades petrolíferas, da produção de energia, da indústria e do turismo, da cultura, da saúde e da educação, ao mesmo tempo cria a necessidade de contar com aeroportos de maior tamanho e mais bem-equipados (superfície das pistas, computadores, radares). Daí os esforços do poder público para a remodelação dos aeroportos e a implementação do Plano Nacional de Radarização. Hoje, 32 terminais aéreos, dentre os quais o aeroporto internacional e o aeroporto metropolitano de Buenos Aires, são administrados pela empresa concessionária Aeropuertos Argentina 2000.

O incremento e a diversificação do comércio exterior fazem avultar os fluxos de cargas e exigem a modernização das infra-estruturas portuárias. O desenho radial convergente em Buenos Aires é, sob certos aspectos, modificado graças à especialização de outros portos do litoral bonaerense – Mar del Plata, Quequén e Bahía Blanca – e dos portos patagônicos de San Antonio Este, Madryn e Trelew.

No intuito de alcançar os mercados filipinos e malásios, a Argentina e o Chile estabelecem normas para a utilização recíproca dos portos do Pacífico e do Atlântico. Esse conjunto de imperativos obriga sobretudo as províncias de Mendoza e Neuquén a melhorar as condições das estradas e passagens internacionais, para facilitar as comunicações.

A construção do porto de San Antonio Este e as regulações de fomento à exportação dão novo traçado aos fluxos de produtos para a Europa e outros mercados da frente atlântica. Esse porto, especializado no escoamento de frutas frescas, permite abrigar navios de grandes dimensões e desenvolver uma velocidade de carga e descarga de acordo com as necessidades atuais. Por ser construído em águas profundas, sua localização numa bacia de maré não é um empecilho, pois esse porto tem acessibilidade constante, permitindo eliminar tempos mortos em alto-mar e oferecendo abrigo permanente para os navios. As normas de promoção para a exportação pelos portos patagônicos acabam por ampliar a hinterlândia desse porto – hoje sob concessão da empresa Patagonia Norte –, que alcança as produções de outras regiões.

Ingeniero White, em Bahía Blanca, é na realidade um sistema de portos dotado de silos, elevadores, cais e balizamento destinados sobretudo à exportação de cereais da região dos pampas e à exportação e importação de matérias-primas e produtos relacionados com seu pólo petroquímico. Empresas como Cargill e Bunge e Born têm seus próprios cais nesse porto, que, submetido a um recente processo de modernização, reduziu os tempos de carga e os custos, ao passo que também aumentou sua hinterlândia.

7. O DINHEIRO CONSOLIDA A DIVISÃO TERRITORIAL DO TRABALHO

No período atual, a modernização das instituições, dos instrumentos, das técnicas e das normas no campo das finanças aumenta a participação dos países no processo de globalização. Captando capitais em diversos pontos do território, os bancos, fundos de pensão e outras firmas financeiras decidem hoje como e onde investir, numa forma de consolidar a atual divisão social e territorial do trabalho.

Todavia, esse desenvolvimento acelerado do sistema financeiro, que responde às necessidades de crédito no mundo inteiro, é responsável pela expansão da rede bancária e pelo endividamento das regiões e dos países. A incorporação de acréscimos técnicos, científicos e informacionais aos processos produtivos não se realiza sem a intermediação bancária. É esta que assegura a existência de capitais adiantados nas diversas regiões.

A participação da Argentina na globalização financeira é facilitada pelas normas que, a partir dos anos 1990, possibilitam às firmas estrangeiras operar nas bolsas do país e às empresas nacionais, em Wall Street. O desenvolvimento do mercado nacional de capitais é promovido por meio de fundos de assistência financeira do Banco Mundial.

A modernização financeira estende-se pelo território argentino, agindo como um vetor de redistribuição de capitais. Para isso são utilizados instrumentos como as obrigações negociáveis no movimento de capitais do interior do país e a implantação de bolsas de valores nas cidades do interior. Fundadas com o propósito de financiar a atividade das pequenas e médias empresas, essas bolsas acabam tornando-se palco da atuação de grandes empresas nacionais e internacionais. Ampliando seus negócios dentro do território nacional, empresas como a Pérez Companc, a Telecom e a Telefónica de Argentina, junto com os bancos, redesenham a coleta e a redistribuição do dinheiro nas regiões. É quase absoluto, todavia, o domínio da bolsa de Buenos Aires, que concentra 90% do movimento de capitais do país e utiliza sofisticados instrumentos financeiros.

É também nos anos 1990 que o movimento de multiplicação de bancos e de agências, próprio da década anterior, conhece uma crise. Um processo de insolvências e fusões reduz o número de instituições bancárias, concentrando o comando político das finanças, mas mantendo uma certa capilaridade da rede, uma vez que não diminui o número de agências. Com mais de 4 mil agências distribuídas no território nacional, o sistema bancário argentino mostra uma densidade de menos de 8 mil habitantes para cada agência. Complexos instrumentos financeiros vêm diversificar um movimento centrado em títulos de dívida pública (bônus emitidos pelo Estado) e obrigações negociáveis (títulos de dívida emitidos pelas empresas). Aumentam, desse modo, os serviços bancários, ao passo que o mercado de investimentos se abre a novos agentes e a novos lugares, atingindo as mais diversas formas de produção e consumo.

Já em meados da década de 1990, cerca da metade dos depósitos no país é feita em moeda estrangeira. Esse dado leva-nos a fazer próprias as palavras de Milton Santos (*A natureza do espaço*, São Paulo, 1996), quando alerta sobre a transformação dos territórios nacionais em espaços nacionais da economia internacional.

Essa internacionalização se perfaz com a nova regulação do sistema de previdência, que significa uma ruptura na tradicional relação entre a sociedade civil e o Estado, assim como no tecido de solidariedade social. Grandes bancos privados nacionais e globais passam a oferecer uma multiplicidade de opções de previdência, obtendo novos meios de acumulação de mais-valia.

Outros processos crescentes na Argentina são a securitização e os fundos de crédito. Trata-se de alianças entre bancos e empresas de telefonia, de aeronáutica, de cartões de crédito, de exportação e de petróleo, entre outras. Essas empresas transferem para os bancos, por meio do pagamento de uma taxa de serviços, o risco de insolvência dos seus clientes. O BankBoston é um dos mais importantes fornecedores de *securities* no país. Paralelamente, verifica-se uma expansão do mercado de cartões de crédito, graças a uma intensa propaganda e às menores exigências aos clientes, possibilitadas por essa securitização. Aumenta, assim, o consumo, e multiplicam-se os serviços bancários. São sobretudo os bancos estrangeiros que, drenando as rendas regionais para suas casas matrizes, comandam o sistema de coleta.

8. AS NORMAS NO TERRITÓRIO

A seletividade do processo de modernização territorial é manifesta. O poder público participa ativamente da reorganização da geografia do país, a partir da construção de estradas no litoral, infra-estruturas petrolíferas e de gás, hidrelétricas no Nordeste e na Patagônia e usinas térmicas e termonucleares. O triângulo Rosario-Buenos Aires-La Plata afirma-se como uma zona luminosa do território nacional.

Derrubando as muralhas jurídicas que dificultavam a chegada das inovações técnicas e dos capitais estrangeiros, a nova regulação contribui para tornar os lugares mais aptos para uma produção valorizada, mas ao mesmo tempo crescentemente desprovidos do controle de suas próprias atividades. Uma parcela das decisões é tomada em Buenos Aires e também em Córdoba, ainda que a política da empresa seja concebida no estrangeiro. É do final da década de 1970 e início da década de 1980 – período do governo militar – um regime regulatório conhecido como sistema de promoção industrial, que beneficia fundamentalmente as províncias de La Rioja, Catamarca, San Luis e San Juan. Essas normas são especialmente endereçadas aos setores metálico básico, químico, de derivados de petróleo e carvão, alimentício e têxtil. A empresa Bunge e Born, por exemplo – uma *holding* de berço argentino tornada global –, serve-se dessa legislação para implantar suas fábricas têxteis Grafa em algumas dessas províncias.

Alguns anos antes, em 1972, a ilha de Tierra del Fuego é objeto de uma regulação especial para promover a radicação de empresas de eletrônica e de tecidos sintéticos. Na realidade, essas normas consolidam a separação territorial das instâncias do processo produtivo, ao abrigo das isenções impositivas. Daí que nessa ilha se realiza apenas uma ensamblagem dos componentes que as empresas transnacionais importam do estrangeiro. Ainda que permitindo o crescimento da oferta de emprego e, conseqüentemente, da população, essa regulação faz da porção meridional do território um recurso para as empresas, e não o lugar de uma dinâmica genuína para a maior parte da sociedade local e nacional.

Os movimentos migratórios e os processos de urbanização vão assinalar as áreas de maior densidade técnica e normativa, que abrigam uma parcela da atual divisão territorial do trabalho. Por isso, nos anos 1970, embora conhecendo uma relativa emigração, a Região Metropolitana de Buenos Aires continua a receber imigrantes. É sobretudo a partir dessa década que a região patagônica torna-se o destino de importantes camadas de população, graças à promoção de atividades industriais, à exploração de combustíveis e à construção de grandes obras de engenharia.

Os progressos técnicos, sobretudo nas telecomunicações, permitem a organização mais centralizada das firmas globais, que se alastram pelo território coordenando o concerto da produtividade de cada um dos lugares. É nesse processo de distribuir filiais por todo o planeta que as empresas globais impõem suas normas aos países.

Exigindo nova viabilização dos marcos jurídicos e econômicos dos Estados, as grandes empresas e os grandes bancos, com a assistência dos órgãos internacionais de finanças, detêm maior controle dos movimentos bancários e empresariais e, por conseguinte, dos dados das economias nacionais, como inflação, taxa de juros, tipo de câmbio etc. Altamente dependentes dos capitais externos, por haverem abandonado o mercado interno dos seus países, os governos perdem soberania para comandar as atividades econômicas nas regiões, uma vez que devem obedecer aos indicadores econômicos externamente estabelecidos.

Daí a possibilidade de deslocamento frenético de parcelas do trabalho agrícola, industrial, de serviços ou financeiro, como um modo de usufruir, em cada país e cada região, das diversas densidades normativas de cuja produção participam indubitavelmente as empresas globais.

Esse processo, que faz alusão à eliminação de normas pretéritas, é freqüentemente denominado desregulação. Todavia, à ruptura do arcabouço jurídico existente segue-se a imposição de novas normas fiscais que tornam viável a ação das firmas no território. A esse processo chamamos neo-regulação.

Uma certa liberalização das finanças dos países desenvolvidos é acompanhada da intervenção generalizada nos próprios mercados e de uma nova fase de implantação de suas empresas nos países da periferia. Esse é o contexto das privatizações na Argentina dos anos 1990. Bens e funções do Estado são transferidos para um punhado de poderosas firmas e bancos globais e *holdings* nacionais. Elaboram-se marcos normativos rígidos, de maneira a permitir às grandes empresas a participação, com escassa concorrência, no processo de modernização e oligopolização da economia e do território argentinos. Setores importantes, como petrolífero, de gás, hidrelétrico, de energia nuclear, telecomunicações, informática, transportes aéreos e terrestres, rodovias e ferrovias, siderurgia, finanças, educação, saúde e previdência, e um enorme leque de serviços, são campos pelos quais transitam com sucesso os agentes pioneiros, para os quais os velhos limites reguladores são substituídos por novos, que lhes permitem usufruir o monopólio de sua atividade.

Criando a viabilidade da exploração por meio de novas regulações e sobretudo da garantia do monopólio territorial, o poder público põe nas mãos das empresas Telefónica (Espanha) e Telecom a expansão e a densificação da rede de telefonia fixa do país. Por outro lado, a telefonia celular chega ao país nessa mesma década, sob o comando de firmas privadas. Assim, o território nacional é dividido em dois pedaços, nos quais cada empresa exerce sua política monopolista.

Essa foi a primeira fase das privatizações do setor de telecomunicações. Num segundo momento, as empresas pioneiras deveriam compartilhar seus territórios com outras – suas concorrentes –, que passariam a oferecer outros serviços e tarifas. Como na Argentina essa modernização é feita por firmas privadas, esse processo acaba por mascarar a revolução mundial das telecomunicações, que coloca à disposição técnicas mais eficientes num contexto de barateamento dos materiais. A fibra óptica e o sistema mundial do cabo submarino de fibras ópticas, por exemplo, aprimoram os sistemas técnicos e aumentam as possibilidades de transmissão, oferecendo as bases técnicas para todo um leque de formas de ação à distância – a teleação. Na Argentina, a regulação pública veio garantir altas tarifas e exclusividade de exploração em certas áreas do território, e dessa maneira assegurou às firmas globais o usufruto de uma importante reserva de mercado e de um período de acumulação de lucros sem concorrência e, ao mesmo tempo, de amplas liberdades para enviar suas remessas ao estrangeiro. A maior participação da Argentina na globalização das telecomunicações associa-se à política das grandes empresas, primeiro a partir dos monopólios territoriais e, atualmente, de verdadeiros oligopólios territoriais.

Por meio da privatização da empresa Gas del Estado, única responsável pela produção e circulação do fluido no país, passa-se a um conjunto de dez empresas privadas, correspondendo a cada uma delas um pedaço exclusivo do território nacional. O discurso governamental da quebra do monopólio do gás confronta-se com a realidade dos novos monopólios territoriais, uma vez que em cada região não existe senão uma firma fornecedora.

Em um país como a Argentina, as empresas globais agem sobretudo por meio de alianças, por vezes conjunturais, com oligopólios nacionais. Essas parcerias abrangem os setores energético e petroquímico, automobilístico, de telecomunicações, de finanças e de turismo, entre outros. Uma divisão territorial do trabalho interna a essa aliança atribui à empresa doméstica uma espécie de controle político de segunda ordem, enquanto a corporação global é responsável pelas inovações técnicas e pelo verdadeiro comando político das atividades. Tome-se como exemplo a parceria entre a Bridas, a francesa Total e a alemã Deminex para desenvolver o projeto Hydra de exploração petrolífera na bacia marítima sul.

As condições políticas oferecidas pela figura renovada dos diversos níveis do Estado aumentam a produtividade das regiões no desenvolvimento das atividades econômicas ligadas à atual divisão internacional do trabalho. Nesse rearranjo do território e da economia, uma burocracia mista – porque formada por agentes públicos e privados –, cuja principal novidade é o domínio ostensivo do conhecimento técnico-científico sobre o território e a sociedade, assume papel central. Nas mãos dessa neoburocracia pertencente aos órgãos fiscalizadores das empresas privadas de serviços públicos, ao próprio Estado reformulado e às empresas nacionais e estrangeiras fica o comando técnico dos novos usos do território nas próprias regiões.

Entregando a maior parte do funcionamento da economia ao setor privado, o Estado metamorfoseia sua ação numa lógica empresarial que supõe considerar o território como se fosse homogêneo. Diferentemente, as firmas desenvolvem políticas territoriais porque estão interessadas nas virtualidades dos lugares. De um modo ou de outro, o discurso da modernização inelutável socializa as novíssimas relações de dominação e, portanto, as grandes empresas auferem poderes legítimos no comando do novo aparato misto do Estado. Assim, mascaradas sob o discurso da flexibilidade, as normas políticas acabam por oferecer uma nova rigidez.

V
A URBANIZAÇÃO E O MUNDO RURAL

1. A URBANIZAÇÃO ARGENTINA NO PERÍODO ATUAL

A concentração urbana é um dado essencial do território nacional, uma vez que 87% dos 32,7 milhões de habitantes residiam, em 1991[17], em centros urbanos. Não se trata, porém, de um perfil urbano composto de numerosas cidades milionárias, mas de uma forte concentração em três metrópoles principais, com a indiscutível liderança de Buenos Aires, e de uma constelação crescente de cidades médias. Essas três metrópoles, com mais de 1 milhão de habitantes cada, reúnem 49% da população urbana e 42% da população total (mapa 8).

A macrocefalia, herdada de períodos anteriores, permanece. Com cerca de 11 milhões de habitantes, a grande conurbação de Buenos Aires, formada pela capital federal e 19 municípios da província de Buenos Aires, acolhe 41% da população urbana e 36% da população total do país. Essa mancha urbana coalesce, na direção norte, com 12 municípios da província de Santa Fe, incluindo a aglomeração de Rosario; ao passo que, na direção sul, a concentração amplia-se com a incorporação da Grande La Plata. Predominantemente litorânea, com relativos avanços para o interior, essa virtual megalópole estende-se ao longo de 550 km, e sua população atingia, em 1991, 13,5 milhões de pessoas.

Córdoba é a segunda cidade do país, com 1,2 milhão de habitantes, seguida por Rosario (1,1 milhão de habitantes) e, depois, por quatro cidades com pouco mais de meio milhão de habitantes, nas regiões de

---

17. Esta análise foi baseada em dados de 1991, correspondentes ao censo nacional mais recente no momento em que o livro foi concluído.

Mapa 8
Principais cidades
Argentina – 1991

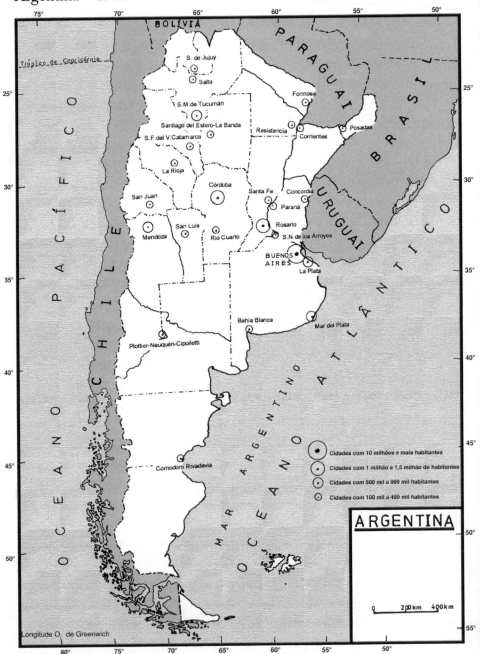

Fonte: Elaboração própria, com base no Censo Nacional de Población y Vivienda, 1991.

Cuyo, Norte e pampiana: Mendoza, San Miguel de Tucumán, La Plata e Mar del Plata.

Na condição de cidades médias – aquelas com mais de 100 mil habitantes, mas que não superam meio milhão –, perfilam-se 19 centros. Nesse grupo estão incluídas as conurbações formadas em torno das capitais de províncias do Nordeste (Corrientes, Paraná, Posadas, Formosa, Resistencia), do Noroeste (Salta, Salvador de Jujuy, San Fernando del Valle de Catamarca e Santiago del Estero-La Banda), novas conurbações como Plottier-Neuquén-Cipolletti e outras cidades que não são capitais, como Bahía Blanca e San Nicolás dos Arroyos, na província de Buenos Aires, e Comodoro Rivadavia, em Chubut. A Patagônia possui apenas duas aglomerações com mais de 100 mil habitantes, enquanto as províncias de Buenos Aires, Santa Fe, Córdoba e Entre Ríos são as únicas que abrigam mais de um centro urbano com população superior a 100 mil habitantes.

Existem ainda 15 cidades com mais de 50 mil e menos de 100 mil habitantes na região dos pampas, ao passo que as províncias de Córdoba, Mendoza e Río Negro acolhem dois centros desse tamanho. Um enxame de 184 cidades com 10 mil a 50 mil habitantes e 547 centros urbanos com 2 mil a 10 mil abriga 19,3% da população nacional.

O peso de Buenos Aires na formação socioespacial argentina continua a aumentar graças às funções que concentra: porto fluvial-marítimo; nó principal das redes ferroviária, rodoviária e aérea e das redes informáticas (como o cabo de fibras ópticas) e informacionais (serviços de notícias, consultorias etc.); pesquisa científico-tecnológica (sobretudo nas áreas de informática, robótica, genética, petrolífera e nuclear); gestão das firmas nacionais; gestão nacional das corporações globais; e funções de governo nacional e municipal, com as mais importantes instâncias da neoburocracia (superintendências e órgãos fiscalizadores). A cidade é também o principal centro comercial, industrial e financeiro do país, reunindo bancos, bolsa de valores, comércio de exportação e importação, grandes hotéis, centros comerciais atacadistas e varejistas e o mais importante mercado imobiliário. Quanto aos serviços, Buenos Aires acolhe a produção de publicidade e informática, comunicações, aluguel de instrumentos de trabalho de alta complexidade, ensino e conhecimento especializado, saúde e segurança, produção de rádio, televisão e jornais. A cidade convoca uma grande parcela dos capitais globais e nacionais e uma alta densidade da força de trabalho qualificada, com o crescimento dos "colarinhos brancos" e o maior mercado consumidor.

Córdoba é um centro importante de comunicações, informações e transportes, possui aeroporto internacional, uma usina nucleoelétrica, um pólo petroquímico a pequena distância (Río Tercero), bancos nacionais e internacionais e bolsa de valores, além de abrigar o mais importante pólo da indústria automobilística e a sede do governo provincial.

Rosario, terceira cidade do país, é sede de agroindústrias, do pólo petroquímico San Lorenzo, de serviços gerais e especializados e de funções financeiras. Nó ferroviário e rodoviário, conta com aeroporto internacional e seu porto é o maior exportador de soja e derivados, além de ser usado para o movimento de cereais. Córdoba e Rosario acolhem sedes nacionais e regionais de grandes corporações globais, assim como grande parcela da população letrada orientada para os níveis mais altos das funções de controle.

Em outro patamar, há um grupo de metrópoles regionais como Mendoza, La Plata, Tucumán e Mar del Plata que, com variada oferta de funções regionais, nacionais e mundiais de produção material e intelectual, consumo e circulação, vem estruturar um amplo espaço regional.

As cidades médias comportam uma sorte de situações. Tamanho similar não indica, contudo, semelhança funcional: San Juan e Bahía Blanca, San Fernando del Valle de Catamarca e Comodoro Rivadavia não admitem comparações quanto a suas funções e hierarquia. As cidades da região Noroeste, sobretudo Salta, Catamarca, La Rioja e Santiago del Estero, testemunham em maior medida o acúmulo de funções políticas, administrativas, econômicas, sociais e culturais, e em menor medida o desenvolvimento de formas modernas de consumo, distribuição, circulação e trabalho intelectual. A falta de emprego rural, por sua vez, faz avolumar-se uma população pobre nessas cidades. O trabalho é menos dividido territorialmente, o que leva à escassez de fermentos de urbanização no resto do território. Caso paradigmático é o da província de Catamarca, onde à região urbana da capital, que alcança 133.050 habitantes, sucede, como segunda cidade em tamanho, um centro de

9.014 habitantes. No período compreendido entre os censos (1980-1991), a capital cresce 4,7 vezes mais que a segunda cidade.

Como o trabalho desenvolvido nessas regiões é menos complexo e moderno, inexistem revezamentos de controle no espaço regional e, portanto, a parcela de regulação técnica e política concentra-se em uma única cidade.

Diferentes funções caracterizam as cidades médias do sul do país, como Bahía Blanca, Neuquén ou Comodoro Rivadavia. Inseridas em regiões novas, elas crescem aceleradamente a partir da década de 1970, como conseqüência da valorização da energia e do desenvolvimento de atividades solidárias à sua produção e circulação.

Diferentemente do norte do país, na Patagônia o acúmulo de funções nas capitais tende a ser menor, uma vez que as cidades ganham especializações na fase da globalização. Trata-se de cidades específicas que compõem um perfil urbano menos concentrado. Em 1991, a população de Comodoro Rivadavia, por exemplo, não chega a equivaler ao dobro da população de Trelew, a segunda cidade da província.

A localização das cidades da porção meridional do território argentino é condicionada sobretudo por fatores técnicos recentes, ao passo que a celeridade do seu crescimento é dada pelas atuais demandas nacionais e mundiais de produção. Ainda que não fujam completamente ao padrão de certo acúmulo de funções, as cidades ganham seu papel regional graças à especialização do trabalho contemporâneo. O advento de uma população letrada, necessária à produção hegemônica, contribui também para criar uma demanda crescente e diversificada e uma certa ideologia, ambas progressivamente enraizadas em certos grupos sociais e destinadas a legitimar a modernização.

As novas funções das cidades regionais atraem quadros gerenciais, pesquisadores, burocratas e funcionários, responsáveis pelo aumento do consumo e pela freqüência e celeridade dos transportes e comunicações. Desse modo, enquanto os controles regionais de nível mais alto são localizados nessas cidades, novas aglomerações médias e locais acolhem os revezamentos indispensáveis para um controle remoto e globalizado das atividades modernas.

Daí o crescimento das pequenas cidades, prestes a responder às novas demandas. São centros orientados para cumprir funções precisas e restritas, sob o impulso de ordens externas, que imprimem mudanças nas relações dos lugares. Cresce, portanto, o número de cidades na província de Buenos Aires, Santa Fe e Córdoba cuja função é o apoio técnico a essa agricultura moderna. Vejam-se, entre outros, os exemplos de Olavarría, Junín, Azul e Tandil, na região dos pampas, San Martín-La Colonia e General Alvear, na região cuyana, e Choele Choel e Coronel Belisle, no Vale Médio do Río Negro.

O processo de urbanização recente na Argentina revela o crescimento das metrópoles e das cidades médias e locais. No intervalo compreendido entre os censos de 1980 e de 1991, a Região Metropolitana de Buenos Aires aumenta sua população em cerca de 1,3 milhão de pessoas, equivalentes a um crescimento de 12,9%, ao passo que Córdoba alcança 19% e Rosario atinge 14,4%. Paralelamente, as metrópoles de segundo nível revelam os seguintes percentuais: Mendoza, 26,2%; Mar del Plata, 25,1%; e Tucumán, 24,8%. O que mais se destaca nesse período é o crescimento das cidades médias, que é da ordem de 22%, ainda que com disparidades regionais bastante pronunciadas.

Enquanto a região dos pampas e o Nordeste caracterizam-se pelo crescimento dos núcleos urbanos com mais de 20 mil habitantes e da população neles residente, a região de Cuyo vê multiplicarem os pequenos aglomerados de 2 mil a 10 mil habitantes. É nesses centros que encontramos os mais elementares meios de uma agricultura científica orientada fundamentalmente para a exportação.

Ainda que a metrópole continue a crescer, as cidades médias o fazem com maior celeridade. Poderíamos aqui falar, como Milton Santos no seu livro *A urbanização brasileira* (São Paulo,1993), de uma "involução metropolitana". Contribuem para essa "desmetropolização" a profusão de formas técnicas e organizacionais mais eficazes para o uso do território e a difusão do consumo. A neoburocracia, que administra os novos objetos técnicos e aplica as normas nascidas ao amparo da reforma do Estado e das firmas, participa também dessa tendência bifronte. Hoje, a hierarquia do sistema urbano é desenhada mais pela predominância de fluxos imateriais que pelos fluxos materiais. De uma ação delegada, comissionada por outros agentes por meio de veículos como o trem, o automóvel, o telégrafo e, mais recentemente, o telex, passamos a um telecomando baseado em objetos como o telefone, o fax, o correio eletrônico, a fibra óptica, o radar e o satélite. A solidariedade decorrente da ação comissionada tende a desaparecer graças à instalação de solidariedades de comunicação em tempo real e da possibilidade da teleação. O tempo e a informação da metrópole chegam, assim, a todo o território.

2. O NOVO CAMPO

Ao mapa tradicional da produção agropecuária na Argentina – anterior à globalização e fundado na expansão de um meio técnico que reservava ao país papel importante no mercado mundial de grãos – superpõe-se hoje um novo mapa decorrente de nova divisão territorial do trabalho.

Como vimos, desde o final do século XIX o país abriga uma parcela da divisão internacional do trabalho associada à provisão de matérias-primas de clima temperado para uma Europa em crescimento. Essa configuração marca o processo de expansão das frentes agropecuárias em território nacional, ao ritmo da liberação dos pampas úmidos para culturas que são progressivamente valorizadas no mercado mundial. Desse modo, frentes pioneiras mais ou menos concêntricas avançam para o norte e para o sul do país, aumentando as áreas de produção de grãos no centro da Argentina, destinando porções do norte e nordeste do território às culturas de algodão, erva-mate, chá e laranjas; os vales irrigados da faixa ocidental à cultura de frutas; os pampas à criação extensiva de gado bovino; e as ermas terras do sul à criação de gado ovino.

A ocupação é possível graças às técnicas que caracterizam a modernidade desse momento histórico: trem, telégrafo e mecanização de algumas fases da produção. Em virtude dessas possibilidades, a produção pode ser feita longe das áreas consumidoras do país e do estrangeiro, pois grandes porções do território nacional já conhecem a motorização.

Ainda que o comando político da produção esteja longe dessas frentes pioneiras – por vezes fora do país –, faz-se necessário um certo comando técnico no lugar, pois o nível de desenvolvimento não permite autonomia maior quanto ao provimento de insumos e à manutenção. A extensão da terra e sua posse são dados centrais para a garantia de trabalho eficiente e acumulação de riqueza.

Uma primeira regionalização é esboçada ao sabor de um trabalho que se reparte no território nacional. São tempos de participação crescente e bem-sucedida nos mercados mundiais, baseada na combinação de extensas terras disponíveis e importante grau de capitalização encarnado sobretudo na mecanização das atividades.

Os excedentes obtidos no campo permitem, anos mais tarde, o crescimento de outras atividades, auxiliadas também pela possibilidade de desenvolver no país boa parcela do trabalho industrial. Todavia, o mercado mundial nascido no pós-guerra reproduz as cadências de uma nova produção fundada na incorporação maciça de ciência e de técnica às diversas etapas da concepção, fabricação e circulação. As descobertas e as inovações do mundo da guerra são transferidas ao mundo da produção.

O petróleo constitui então a energia básica de um novo sistema técnico no país, que impregna não apenas o sistema de circulação, com o favorecimento do transporte rodoviário sobre o antigo ferroviário e da base petrolífera sobre a base carbonífera, mas também uma agricultura que passa a ser dominada ainda mais pela mecanização e pela motorização e, sobretudo, por uma base petroquímica.

São tempos de incorporação maciça de pesticidas e fertilizantes, e de sementes produzidas pelas mesmas firmas transnacionais que dominam os mercados petrolífero e agroindustrial. Mas um uso do território altamente demandante de insumos modernos e custosos não pode se configurar sem importante penetração de capitais financeiros. É o momento da creditização da atividade agrária, aumentando o poder de ação das empresas globais sobre o campo argentino.

Essa é também a história da alienação do mundo rural, uma vez que a chegada de uma camada técnica contemporânea e moderna se faz graças à chegada de grandes capitais. Introduzindo formas de financiamento, esses capitais contribuem para estabelecer maior independência para com os ciclos agroclimáticos (compra de espécies vegetais com novos calendários, como a sucessão soja-milho) e os tradicionais momentos de venda nos mercados (possibilidade de estocar, em virtude da construção de silos e depósitos e do uso de técnicas de conservação, como a atmosfera controlada para frutas). Ao mesmo tempo, a emissão de instrumentos financeiros como os *warrants*[18] dá corpo ao mercado de futuros, possibilitando negociar as safras em diferentes épocas do ano. Recentemente, o adiantamento de dinheiro é orientado, por meio de linhas de crédito específicas, para o desenvolvimento da agricultura de precisão, com a compra de equipamentos que permitem conhecer a aptidão do solo em cada lugar e realizar o planejamento das lavouras.

Nos dias de hoje, a um sistema técnico de base petroquímica acrescenta-se um componente de telecomunicações e informática capaz de ser a via e o veículo de circulação da nova energia do espaço contemporâneo: a informação. Os usos agrícolas e pecuários do território passam a demandar sistemas de informação geográfica, satélites, computadores, radares, internet, bancos de dados, serviços de telefonia fixa e celular. De algum modo, o campo passa a ser remodelado não apenas a partir da informação técnica e mercadológica, mas também a partir da propaganda, que ganha contornos antes impensados. A extensão da terra e sua propriedade já não possuem o mesmo valor na equação da rentabilidade exigida do mundo rural. O controle das finanças e da informação parece ser a garantia do comando do processo produtivo e da acumulação da mais-valia.

3. Agricultura científica: áreas centrais e frentes agrícolas

Os conteúdos técnicos, científicos e informacionais – como as sementes geneticamente modificadas, os pesticidas e fertilizantes, os semoventes, as informações sobre a terra e o tempo – criam novas relações entre superfícies, calendários e produtividades. Dessa forma, algumas áreas agrícolas são reorganizadas ao mesmo tempo que se destinam novas porções do território nacional para a agricultura.

São incorporados em regiões de forte tradição agrícola elementos

---

18. *Warrants*: empréstimo com uma garantia real dada por produtos agropecuários, minerais ou industriais. Direito a comprar ações futuras a um preço fixado antecipadamente.

da agricultura científica. Talvez o exemplo mais significativo seja o desenvolvimento da agricultura de precisão, que em 1997 atinge cerca de 50 mil hectares destinados à cultura de cereais nas províncias de Buenos Aires e Córdoba. O uso de sistemas de posicionamento global (GPS), por meio de satélites e computadores, permite elaborar mapas sobre as condições de umidade e fertilidade dos solos e, conseqüentemente, planejar as ações e calcular os rendimentos. Em complexas complementaridades técnicas, novos equipamentos – como máquinas de colheita com sistemas Greenstar, que permitem mapear os rendimentos – tornam-se necessários.

A introdução da soja e do girassol na região dos pampas (Buenos Aires, Santa Fe, Córdoba), em meados da década de 1970, significa o aumento da produção, baseado fundamentalmente na modificação do calendário agrícola. Cultivados durante a estação estival, o girassol e a soja sucedem à colheita de trigo, o que aumenta as relações do campo, pois os fluxos materiais e imateriais, as tarefas agrícolas e as demandas crescem ao ritmo da duplicação das colheitas. É uma manifestação visível do desenvolvimento de uma nova divisão territorial do trabalho, na qual um cultivo globalizado como a soja, utilizado tanto na dieta humana quanto na fabricação de rações animais e derivados para a indústria agroalimentar, superpõe-se ou expulsa culturas de forte tradição nacional, como o trigo. Pela força dos vaivéns de um mercado de *commodities*, o trabalho deve redistribuir-se no território nacional, com as conseqüentes valorizações e desvalorizações das regiões.

Com 4,9 milhões de hectares de trigo em 1998, a Argentina tem, entre 1970 e 1980, uma expansão de 27,9% na superfície destinada a essa cultura, chegando a superar os 6 milhões de hectares para depois diminuir, entre 1980 e 1998, 21,1%. A redução da superfície é acompanhada pelo aumento da produção, que nesse último intervalo atinge 27,3%. Tal aumento da produtividade decorre da incorporação de dados de biotecnologia e química, e também de elementos mecânicos. Enquanto a superfície destinada a essa cultura sofre queda, entre 1980 e 1998, de 1,3 milhões de hectares, o volume de produção aumenta em cerca de 3 milhões de toneladas. Os rendimentos passam de 1.550 kg/hectare para 2.220 kg/hectare.

A província de Buenos Aires representa cerca de 60% do total nacional das terras destinadas a esse cereal. Santa Fe, La Pampa, Córdoba e Entre Ríos, mas também Santiago del Estero e Chaco, aparecem como cinturões concêntricos dessa área *core*. No final do século XX, Buenos Aires diminui sua área de produção, retornando a uma superfície de em torno de 2,8 milhões de hectares – equivalente à dos anos 1970 –, mas com uma produção quase duas vezes maior que trinta anos antes.

Ao mesmo tempo, a própria organização das áreas de cultura de trigo muda ao sabor das novas exigências de conteúdo protéico do grão, que determinam seu preço no mercado mundial. Essas normas obrigam a um maior nível de informação e à execução de ações tecnicizadas: escolha de sementes de alto rendimento, uso de fertilizantes nitrogenados, aprimoramento dos processos de secagem e armazenagem dos grãos e classificação da produção. Desponta uma nova hierarquia de áreas produtoras de trigo dentro da província de Buenos Aires, baseada mais no conteúdo protéico e menos no rendimento quantitativo. O centro e o sul obtêm maiores qualidades do que o norte dessa província.

A incorporação de insumos biotecnológicos, por sua vez, aumenta a especialização dos lugares e sua produtividade. É o caso de algumas porções da província de Buenos Aires, que, sob o comando de empresas como a Nidera, são destinadas à produção de um trigo especial para a elaboração de baguetes.

O recuo relativo da área trigueira tem sua principal causa na introdução maciça da soja a partir dos anos 1970. Nessa época a cultura é incipiente, estendendo-se em pequenas regiões por Santa Fe, Misiones, Tucumán e Buenos Aires. Não se pode então falar de especialização produtiva, e muito menos de um cinturão da soja. Uma década depois, a superfície aumenta 98% e, entre 1980 e 1998, o crescimento atinge 73,2%. São mais de 7 milhões de hectares distribuídos entre as províncias de Santa Fe, Córdoba, Buenos Aires, Entre Ríos, Chaco, Salta e Tucumán. Principal produtora, a província de Santa Fe passa a abrigar fábricas de óleo e de subprodutos protéicos. Os decênios de 1980 e de 1990 são suficientes para mudar em grande parte o perfil agrícola da região pampiana (sobretudo Buenos Aires e Córdoba), pois, ainda que esta não abandone sua vocação trigueira, a superfície destinada em 1998 à soja (7,2 milhões de hectares) é maior que a máxima superfície historicamente destinada ao trigo (pouco mais de 6 milhões de hectares, em 1980).

Com aumento extraordinário do rendimento nos últimos trinta anos, o girassol cresce não apenas em volume de produção (85,2%, entre 1970 e 1998), mas também em superfície (54%, para o mesmo período). Isso se dá sobretudo em Buenos Aires e Córdoba, enquanto em Santa Fe a área permanece estável e a produção cresce, e em Chaco aumenta a produção e diminui a superfície. Boa parcela da colheita é destinada à indústria do azeite, que exporta 80% de sua produção.

A pesquisa científica para a obtenção de espécies transgênicas no país orienta-se para duas vertentes principais: a "geração de proteção" (a manipulação genética permite que culturas como a soja Roundup Ready e o milho Bt sejam resistentes a herbicidas e pragas) e a "geração de qualidade" (espécies das quais se obtêm proteínas e óleos modificados adaptados a dietas que precisam de baixos níveis de colesterol, como o girassol alto oléico). O cenário mais importante dessas espécies é a região pampiana. Se a primeira vertente produz uma revolução na escala de produção, a segunda caracteriza-se pela possibilidade de diversificação de mercados e pela produção e venda de alimentos. Acompanhadas por intensa propaganda e um novo discurso de base científica, asseguram a expansão social e territorial desses novos consumos.

A garantia de aumento da produtividade não é dada apenas pelo uso das novas sementes e seus respectivos pacotes biotecnológicos, mas também pelas rígidas normas com as quais o campo passa a ser regulado. A Genética Mandiyú, uma *joint-venture* entre a Ciagro, a Delta & Pine e a Monsanto, exige não misturar as sementes nem estocá-las e, paralelamente, semear, numa porção equivalente a 25% da superfície total, um "refúgio" com a espécie tradicional para evitar o aparecimento de insetos resistentes. Trata-se de um fenômeno importante, uma vez que 70% da produção argentina de soja é transgênica.

O uso da técnica de irrigação em áreas mais periféricas da região dos pampas, que tem conduzido a um aumento extraordinário da produtividade, pode ser entendido como parte desse processo de modernização. Em culturas de trigo, soja e girassol o rendimento aumenta entre 80% e 130% na província de Córdoba. É utilizado com freqüência o sistema de pivô central[19].

Certas porções do território nacional hoje reforçam sua vocação ao ritmo dos novos acréscimos técnico-científicos. A província de Chaco é historicamente um cinturão da cultura de algodão, mas já nos anos 1970 a área de produção amplia-se para Formosa, Santa Fe e Santiago del Estero. A partir desse momento, a área cultivada aumenta cerca de 66% e sua produção, em mais de 70%. Essa expansão é determinada sobretudo pelo crescimento do cinturão de Chaco e Santiago del Estero. Com seu coração em Chaco (essa província representa 62,8% da superfície nacional destinada a essa lavoura e 52,6% da produção), a região algodoeira abrange atualmente mais de 1 milhão de hectares, ao passo que 40% de sua produção é orientada para a exportação. Foi colonizada por espécies transgênicas (*Bacillus thuringiensis* e Roundup Ready), cujas sementes são produzidas na própria região (Catamarca e Chaco) graças a uma parceria entre o Instituto Nacional de Tecnologia Agropecuária (INTA) e as firmas Monsanto e Delta & Pine Land. Assim, uma pesquisa científica sediada sobretudo nas empresas globais aparece como garantia de maiores rendimentos brutos (acréscimo de 15% no caso do algodão do norte do país). Nada se diz, no entanto, sobre os maiores custos decorrentes de uma agricultura altamente cientizada e tributária de uma complexa trama de patentes e *royalties*.

Tradicionalmente manual, a colheita do algodão é hoje crescentemente mecanizada, utilizando cerca de uma máquina para cada mil hectares cultivados. Na mesma fração de terra trabalham em torno de 20 pessoas. Esse é, ainda, um produto que na sua primeira fase de transformação exige a proximidade das unidades elaboradoras. Com efeito, as 86 *desmotadoras*[20] localizam-se na província de Chaco e recebem a matéria-prima das novas frentes pioneiras. A Argentina é o quarto exportador mundial desse produto.

A modernização das áreas de lavoura e a sua expansão vinculam-se também à transformação do produto em um instrumento financeiro, com a criação de um mercado de opções e futuros para o algodão no Mercado de Valores de Buenos Aires.

---

19. Sistema de irrigação no qual a aspersão é feita a partir de uma base central, cobrindo um círculo de dimensões variáveis.
20. Desmotadora: usinas onde se realiza a primeira transformação do algodão.

Importante exportadora mundial de milho, a Argentina possui um cinturão que abrange o norte, centro e sudeste da província de Buenos Aires (esta representa em 1998 cerca de 37% da superfície nacional destinada a essa lavoura e cerca de 47% da sua produção), as províncias de Córdoba e Santa Fe (juntas reúnem 47% da superfície total do cultivo e 41% da sua produção no mesmo ano), La Pampa, sudoeste de Entre Ríos, Santiago del Estero e Chaco, e também Salta e Formosa.

Com extraordinário aumento do rendimento, que passa de 2.442 kg/hectare em 1970 para 6.077 kg/hectare em 1998, o cultivo do milho é um exemplo paradigmático de obtenção de maiores volumes em superfícies mais reduzidas. Entre 1970 e 1998, a área destinada a esse produto cai em 1,2 milhão de hectares (25% do total), enquanto o volume de produção cresce cerca de duas vezes.

A própria região dos pampas (Buenos Aires, Córdoba, Santa Fe, La Pampa) e a província de Entre Ríos efetivam a produção de outros cereais, como a aveia, o sorgo e o centeio. Enquanto a primeira conhece a expansão de sua área e de sua produção a partir dos anos 1970, o segundo e o terceiro vão sendo substituídos pelos cultivos globalizados, sobretudo nas províncias de Santa Fe, Córdoba e Buenos Aires. Contudo, graças ao aumento do rendimento, o sorgo e o centeio conhecem uma queda mais abrupta da sua área de produção que do seu volume.

O poder das agroindústrias, com o auge da elaboração de rações para animais, teve papel central na hora de decidir as prioridades no uso do território na região cerealífera do país.

Quanto ao arroz, seu cinturão circunscreve-se às províncias de Corrientes e Entre Ríos. Apesar de um crescimento importante da sua área e do seu volume de produção a partir de 1970 (67,2% e 71,5%, respectivamente), a porção de 250 mil hectares em que o arroz é cultivado equivale apenas a 5% da área destinada à cultura de trigo na Argentina. Como as exportações para o Brasil são promissoras, novos terrenos são recentemente dedicados a esse cereal, em Chaco, Formosa, Misiones, Santa Fe, Salta e Buenos Aires.

Outra especialização agrícola que se expande e moderniza ao ritmo dos mercados mundiais, na qual a Argentina ocupa uma das primeiras posições, é a cultura de amendoim, em Córdoba – área principal e quase exclusiva de produção no território nacional. Isso contribui para a localização, nessa província, de importante número de processadoras (usinas de fabricação de óleo) não apenas de amendoim, mas também de soja e girassol.

Um cinturão tradicional da citricultura é formado por Misiones, Corrientes, Entre Ríos, nordeste de Buenos Aires e, na região noroeste, Salta e Jujuy. Ainda que mais recentemente algumas plantações de laranja conheçam uma modernização, há desde os anos 1970 uma diminuição da área (23,6%), da produção (31,8%) e do rendimento. Situação diferente é a dos pomares de limão, cuja área cresce cerca de 37%, enquanto sua produção, sob os insumos modernos, aumenta 60% nesses últimos 30 anos. Apesar de coincidir com os cinturões produtivos de laranja, a cultura de limão tem na província de Tucumán sua principal área, uma vez que concentra mais de 75% da superfície total desse cultivo no país e mais de 87% da produção. Essa é certamente uma manifestação da divisão territorial do trabalho nacional. É sobretudo em Salta e Jujuy que são produzidos os *grapefruit*, com importantes mercados no exterior. Esse é também o caso do fumo, que, cultivado também em Misiones, aumenta tanto sua área quanto seu volume de produção.

Ocupando cerca de 74% da superfície nacional destinada à cana-de-açúcar, e reunindo mais de 68% da produção total em 1996, Tucumán desponta como o principal cinturão produtivo dessa cultura. Praticamente o resto da produção é obtido em Jujuy e Salta. Especialização territorial produtiva, a cultura de cana-de-açúcar em Tucumán revela desde cedo uma das necessidades da divisão territorial do trabalho no país. Localizam-se na mesma província cerca de 15 engenhos que processam dois terços da produção endereçada ao mercado interno. Nos últimos 30 anos houve uma queda do rendimento, que se revela numa certa expansão da área de cultivo (27%) e num tímido aumento da produção (13,2%).

Heranças de períodos anteriores, os cultivos de chá e erva-mate são fiéis a sua área de origem – Corrientes e Misiones –, apta para o seu desenvolvimento. Ocorrem, todavia, processos de modernização que, no caso do chá, elevam o rendimento e o volume de produção (este cresce 47,5%, entre 1970 e 1998), ao mesmo tempo em que aumenta sua área (22%). O desempenho da erva-mate revela – ainda que com uma queda do rendimento – maior expansão da superfície de cultivo (36,5%, entre 1970 e 1998) e maior incremento do volume (68,5%, no mesmo período), fomentado sobretudo pelo crescimento do mercado interno. Em ambos os casos, cooperativas e empresas compram a colheita de agricultores minifundiários.

Nos vales irrigados de Río Negro e Neuquén, e também em Mendoza, são obtidos 92% da produção nacional de maçãs e 76% da produção nacional de pêras do país. Fazem parte do circuito produtivo as empresas de embalagem e seus fornecedores, e diversas agroindústrias. A exportação de frutas frescas para a Europa, o Brasil e o sudeste asiático é muito importante, e os Estados Unidos são grandes importadores de suco de maçã.

Boa parcela da faixa ocidental do país é destinada às culturas de tipo mediterrâneo. É o exemplo das azeitonas, que ocupam cerca de 30 mil hectares. Mendoza representa praticamente a metade da área cultivada, seguida pelas províncias de San Juan, La Rioja e Catamarca, onde as técnicas modernas e o amparo das leis de promoção contribuem para a expansão da frente agrícola.

A quimificação da agricultura continua a aumentar, ainda que os tipos de fertilizantes e pesticidas sejam outros, em função da nova química embutida hoje nas sementes. Utilizam-se menos herbicidas graminicidas e mais glifosatos – herbicidas de ação global a que as espécies transgênicas resistem, permitindo controlar as ervas de forma mais econômica e eficiente.

Paralelamente, são propostos métodos menos químicos como a chamada "semeadura direta", que é aplicada em 35% das terras de lavoura do país. Crescentemente utilizado na região dos pampas, esse método exige um nível de mecanização importante. Novos semoventes, como as semeadoras para grãos finos específicas para essa prática, são fabricados no país e no estrangeiro por firmas transnacionais. É o caso da fábrica da John Deere, em Granadero Baigorra (província de Santa Fe), e da sua empresa John Deere Credit, que oferece financiamento para comprar equipamentos da marca.

A criação de gado bovino ganha também conteúdos científicos na região dos pampas, onde, além da introdução de forrageiras de maior produtividade e da subdivisão dos campos por meio de arame elétrico, são utilizados programas de simulação das diversas etapas da criação. Produtoras de gado de corte, as províncias de Buenos Aires, Entre Ríos, Santa Fe e Córdoba formam também a principal bacia leiteira do país.

Ao mesmo tempo, certas porções do território nacional até recentemente periféricas podem ser ocupadas graças às novas possibilidades técnicas. Os métodos de obtenção de água e de irrigação, os produtos químicos para melhorar os solos, as sementes criadas para cada tipo de região climática e edafológica, a informação fornecida pelos radares meteorológicos e satélites, além dos progressos nos transportes e telecomunicações, têm permitido por exemplo a cultura de batatas na região do Vale Médio, na província de Río Negro, norte da Patagônia. A empresa Agronómica, hoje com 200 hectares em produção, trabalha para a firma global Mc Cain, além de cultivar girassol, soja e milho para a Morgan e a Novartis. A Mc Cain, fornecedora do McDonald's, comprou ainda 25 mil hectares no município de Luis Beltrán, nesse mesmo vale, para destiná-los à produção de batatas.

As desérticas terras do planalto patagônico são destinadas, desde fins do século XIX – quando incorporadas de fato ao território nacional –, à criação extensiva de ovinos. Esse uso do território dá origem a uma urbanização rala e precária, com núcleos pequenos separados por enormes distâncias e com grandes fazendas de capitais estrangeiros que pouco demandam da rede urbana regional. A partir de 1980, e sobretudo na virada do século, o trabalho nessas fazendas torna-se cada vez mais técnico e científico, configurando ilhas de modernização. De outro lado, um espaço letárgico, caracterizado pelo peso do passado e pela falta de capitais nos objetos e nas formas de organização, torna árdua a inserção dos pequenos e médios criadores no mercado mundial.

Essa modernização significa tanto a incorporação de inovações genéticas e o uso de pacotes tecnológicos mundiais (inseminação artificial, tosquia pré-parto, animais de alta produtividade, pastos de alto rendimento, máquinas tosquiadoras fixas) quanto a contratação de mão-de-obra altamente qualificada (engenheiros agrônomos, veterinários, contadores, administradores de empresas etc.).

Em algumas grandes fazendas do sul da Patagônia (Província de

Santa Cruz) são instalados sistemas de irrigação responsáveis por uma revolução na escala de produção. Verdadeiros círculos de pastagem desenham-se no território, permitindo passar de um aproveitamento de 3 hectares por ovelha, como na exploração extensiva, para 40 animais por hectare nesses círculos de alfafa. O complexo sistema de engenharia é constituído por um gasoduto, uma usina, bombas de extração, canais, canos e um pivô central, que possibilita a produção em lugares cujas precipitações são inferiores a 150 mm anuais. Nessas mesmas fazendas, de propriedade da *holding* Perez Companc e com 120 hectares de extensão, cria-se a fertilidade dos solos e pratica-se a inseminação artificial com base nas pesquisas realizadas no laboratório que a própria empresa possui em Escobar (Província de Buenos Aires).

4. OS CÍRCULOS DE COOPERAÇÃO NO TERRITÓRIO

Se nos dias de hoje as etapas materiais da produção podem dissociar-se pelo território nacional em virtude dos progressos técnicos que favorecem o despertar ou a invenção das aptidões nos lugares, com o conseqüente avanço das frentes pioneiras da modernização agrícola torna-se também necessário reintegrar essa produção a partir de formas organizacionais tendentes à unicidade (tipos semelhantes de crédito, uso do mesmo tipo de maquinários, consumo de informações). Como esses dados convergem para o aumento da produtividade, diminui a superfície destinada à produção propriamente dita, ao mesmo tempo que aumenta a superfície destinada à circulação das mercadorias, do dinheiro e da informação. É aquilo que Marx denominava aumento da área e diminuição da arena de produção.

Em outras palavras, a especialização das pessoas e dos lugares é causa e conseqüência de uma profunda divisão (social e territorial) do trabalho. Isso só é possível por meio de uma articulação dos processos produtivos: a chamada cooperação. A um aumento da divisão do trabalho nas regiões corresponde uma maior circulação de produtos, pessoas, dinheiro, informação e normas. São verdadeiros círculos de cooperação que se desenham no território (Milton Santos, *Espaço e método*, 1985).

O caso já analisado da Mc Cain, produtora de batatas fritas e fornecedora do McDonald's, é ilustrativo. Com instalações em Balcarce (um cinturão histórico de cultura desse produto na Província de Buenos Aires), a empresa é responsável – como produtora direta ou pelos seus fornecedores – por modernos *fronts* agrícolas nas terras semidesérticas de Río Colorado e Luis Beltrán (Província de Río Negro). Além das áreas de cultura, a empresa está construindo infra-estruturas de armazenagem nesses municípios. As manchas do meio técnico-científico-informacional na região patagônica, destinadas à produção direta, fazem parte dos lugares de ação da empresa nos complexos círculos de cooperação (transportes, financiamento, vendas etc.) que se entrecruzam, neste caso, com os de outra firma global.

Tamanha modernização das áreas agrícolas exige forte conteúdo de capitais. Eis a força atual dos bancos, que criam um leque de instrumentos financeiros para todo um espectro de situações no campo. O Banco Bisel, pertencente ao Banco Crédit Agricole, da França, desenvolve uma linha específica de empréstimos – o plano de "retenção de grãos" – que permite contar com 80% do valor da safra ainda antes de vendê-la.

As patentes também contribuem para alargar os círculos de cooperação de cada cultura. A Argentina decide adotar o sistema de "regalia estendida" – o mesmo da União Européia –, que significa que o produtor, ao guardar as sementes para a próxima lavoura, deve pagar uma regalia reduzida a quem obteve a espécie. É um modo de financiar as pesquisas.

Graças a essa nova base material da agricultura e a sua nova forma de regulação, desenham-se especializações territoriais produtivas no país. Cada vez mais, estas resultam das ações das grandes empresas da agroalimentação no território, que escolhem um conjunto de lugares para sua ação. As firmas produzem e fazem circular suas produções, unindo os pontos com verdadeiras topologias. Por isso, hoje, mais do que antes, a divisão territorial do trabalho de um país é uma superposição de divisões territoriais do trabalho de um punhado de empresas globais que agem nesse espaço nacional.

Conclusão

A história da transformação de um meio pré-técnico em um meio técnico na Argentina significa a imposição de uma nova racionalidade. Ainda que a produção agrícola dos diversos grupos indígenas fosse feita com algumas técnicas – uma vez que toda atividade humana é, a rigor, técnica –, a subsistência e a adequação aos ritmos da natureza apontavam o conteúdo principal das atividades. Não se trata de apelar para a idéia de um meio em equilíbrio ecológico perfeito e intocado pelo homem, mas de ressaltar que as baixas densidades técnicas e a velocidade lenta das demandas no uso do território permitiam um certo equilíbrio na relação entre os grupos humanos e a natureza. A base material da existência do grupo coincidia com uma porção da natureza escassamente modificada. As relações entre o homem e o meio eram diretas, sem interferências maiores que os próprios mistérios dessas forças desconhecidas nem marcados compartimentos socioespaciais.

A europeização das terras americanas impõe novas racionalidades econômicas e políticas. A posse do território, a extração de minérios, a criação de gado, a agricultura e uma manufatura incipiente são responsáveis pela constituição de sucessivos e superpostos modos de trabalho morto na forma de máquinas de produção, de transporte e de comunicações. Um esboço de rede urbana desenha-se no território como apoio indispensável à reprodução, no novo continente, de uma história técnica de origem européia.

Todavia, a singularidade do arranjo americano é um traço da sua riqueza. Por um lado, cria-se, malgrado o extermínio de boa parte das populações indígenas, uma certa combinação de plantas, animais, algumas técnicas e homens de diversas culturas nativas e européias e, por outro lado, os espaços derivados sintetizam em poucos decênios uma história técnica que demandou alguns séculos na sociedade e no território europeus. Ambas as características refletem, nos períodos históricos mais recentes, combinações de elementos mais numerosas e aceleração nas transformações do uso do território. O resultado é a formação de um meio técnico progressivamente densificado que é a base material da vida das populações nos diversos lugares. A transformação do meio geográfico, no entanto, não é um processo isotrópico, já que coexistem ilhas modernas com áreas intocadas por essas vagas modernizadoras.

Às economias de subsistência seguem-se as trocas de produtos num meio pouco mecanizado e, depois, as regras da plena economia capitalista nos espaços derivados. Ainda mais tarde, o Estado nacional torna-se o reitor das atividades domésticas e perfaz a colheita de um *puzzle* de economias de exportação.

A construção de grandes vias de transporte determina as sucessivas fases da motorização do território nacional. Advêm em primeiro lugar as estradas de ferro, que permitem escoar a produção das primitivas economias regionais − ainda que também as exponham a uma concorrência desigual com os produtos europeus − e incluir áreas vazias e longínquas no mapa produtivo do país. Mais tarde, as redes de estradas de rodagem espraiam-se no território e impõem novas velocidades de transporte e comunicação. Os contatos e as possibilidades de carga multiplicam-se, ao mesmo tempo que uma nova aceleração contribui para integrar, material e organizacionalmente, o espaço nacional. Aperfeiçoa-se o modo de uso do território, que responde aos ditames da nova divisão territorial do trabalho.

Em certas áreas, como é o caso da vasta Patagônia, a história da europeização da região é a história da sua motorização. As distâncias entre os pequenos núcleos urbanos revelam sua entrada no mundo das velocidades ferroviárias.

A urbanização precoce do espaço nacional indica a também precoce divisão do trabalho nos lugares, própria da crescente participação do país na internacionalização do mundo. O trabalho nas cidades é organizado de modo a facilitar a exportação do que é produzido. Daí o desenho radial e macrocefálico da rede urbana argentina, que se cristaliza a cada novo período histórico e a cada nova geração de cidades, aumentando as densidades técnicas, informacionais e normativas naqueles pontos já hierárquicos.

Essa vocação exportadora das regiões coopera para estruturar o território argentino. Novos objetos e formas de fazer definem a cada período histórico o modo como a drenagem de recursos, produtos e fluxos monetários é feita para a zona mais concentrada do país e para o estrangeiro.

Entretanto, algumas dessas regiões atingem em diversos momentos certo esgotamento das suas funções. É o exemplo do Chaco dos quebraços, dos pampas e vales dos ovinos, do Noroeste dos minérios, do Río de la Plata dos *saladeros*[21]. Nesses casos, o uso de uma porção do território muda ou novas técnicas aparecem como forma de "reviabilizar" atividades exigidas pelo mercado externo.

Em períodos históricos anteriores, salientavam-se no território nacional ilhas produtivas onde, embora predominasse um *know-how* importado, a presença das particularidades regionais era decisiva no processo de trabalho. A informação restringia-se a cada lugar, e as produções eram relativamente estáticas e orientadas para mercados fixos.

A cada momento histórico as formas existentes assumem papel central, uma vez que obstam ou reafirmam a continuidade do projeto de modernização. A inércia das formas pretéritas tem configurado, na história recente da Argentina, um empecilho para a globalização. Daí a necessidade premente de compensar um processo vagaroso impondo normas que viabilizem o modelo de modernização.

Hidrelétricas, refinarias, dutos e outras redes, usinas nucleares, *time-sharing*, hipermercados e *shopping-centers* – para mencionar apenas algumas formas modernas – cristalizam a expansão dos capitais da globalização no território nacional. Essas formas atraem outros objetos, ações e normas para assegurar seu funcionamento. Trata-se, amiúde, da criação de necessidades, acelerada e artificiosa, na formação socioespacial.

Hoje, a especialização dos lugares resulta da grande quantidade de informação, pois eles são chamados a desenvolver ao máximo suas virtualidades produtivas. Difunde-se um *know-how* homogêneo e destinado a operar objetos técnicos universais. Desse modo, grandes sistemas de

---

21. *Saladeros*: locais de preparação das carnes e couros para exportação. O sal era utilizado na conservação.

engenharia regionalmente localizados vão atender, sob o comando de ações modernas, às demandas globais.

Graças às solicitações do mundo, os lugares especializam-se e por conseguinte os intercâmbios se multiplicam. Esses conteúdos – causa e conseqüência da consagrada competitividade – não constituem necessidades genuínas do lugar. O território é povoado por redes cujas rotas unem os pontos produtivos e evitam as áreas letárgicas. Paralelamente, há uma erosão do cotidiano, que é produzida por rádios, jornais e televisão externos ao lugar, entre outras causas.

Modernizam-se áreas de cultivo, reduzindo sua superfície e aumentando sua produtividade. Multiplicam-se as infra-estruturas de energia, constituindo sistemas de hidrelétricas, de centrais térmicas e de usinas nucleares. Um tecido composto de ferrovias, rodovias e canais de navegação, acompanhado pela informatização e a informacionalização do território, desenha uma configuração reticular.

É sobretudo uma lógica empresarial, tanto nas empresas quanto no Estado, que dita a incorporação dos acréscimos de ciência, técnica e informação ao solo. Instaura-se um novo direito positivo nacional e internacional que substancia os desígnios do período: a competitividade, a proteção das inovações com patentes e as novas associações jurídicas de capital, entre outros. Essa neo-regulação facilita o uso do território. Por um lado, desembarcam novas corporações globais que formam alianças para explorar recursos ou prestar serviços, tamanha a produtividade espacial de certas parcelas do território. Por outro, enquanto as funções atualmente valorizadas pela divisão internacional do trabalho são cedidas pelo Estado aos agentes da globalização, aquelas incapazes de render lucro são abandonadas.

Como a circulação e a comunicação são traçadas menos pelo Estado e mais pelas empresas, vastos segmentos da sociedade enfrentam novas fricções. Cada vez mais, o direito de circulação exige um pagamento. Por isso, a contrapartida da fluidez material no território é uma nova viscosidade sociojurídica. Consolida-se um novo direito público, paralelo às garantias constitucionais e inspirado no mercado, que se perfaz com a progressiva eliminação dos vínculos empregatícios e a privatização de uma grande parte dos aspectos da vida, como a educação, a saúde e a previdência.

Assim, o território é fatiado em pedaços nos quais os capitais da globalização usufruem de condições favoráveis de exploração. São os monopólios territoriais, testemunhas do simulacro do livre mercado, pois a concorrência entre firmas globais se dá apenas no leilão das parcelas do território. Depois o Estado age como garantia da permanência do monopólio ou do oligopólio em uma dada região. É o exemplo da distribuição de gás, das telecomunicações, da produção e distribuição de eletricidade, da exploração e circulação de petróleo. Por vezes, esses monopólios ocultam-se por trás de uma fragmentação empresarial em escala nacional. Sem dúvida, esse é um retrato parcial, pois um punhado de corporações concentra cada vez mais o processo de trabalho e de acumulação da mais-valia. Essas empresas mimetizam-se sob diversas razões sociais e alianças *ad hoc*.

Um discurso pretensamente hegemônico disfarça a retirada de um embrionário Estado do bem-estar social e do planejamento integral do território e contribui para instaurar um Estado "invisível", engajado em um planejamento setorial que forma novas densidades e novos compartimentos. Uma verdadeira mistificação das novas funções do Estado.

Área de maior densidade do meio técnico-científico-informacional, o triângulo Rosario-Buenos Aires-La Plata abriga boa parcela da indústria e sobretudo da produção de tecnologia de ponta. Essa região é responsável por cerca de 70% das exportações industriais argentinas. A circulação interna e por outras regiões do país é intensa em decorrência da profunda divisão territorial do trabalho. Coração do movimento financeiro, sede dos escritórios das maiores empresas nacionais e das filiais das corporações globais que operam no país, e produtora de informações, a cidade de Buenos Aires exerce seu comando sobre o território nacional.

Córdoba reforça seu perfil de acolhedora das indústrias automobilística, mecânica e agropecuária. Uma regulação orientada para o desenvolvimento desses ramos acaba por construir historicamente uma densidade normativa que possibilita a formação de uma densidade técnica e informacional.

Dadas as possibilidades técnicas e organizacionais do período, as regiões são amiúde telecomandadas; sua verdadeira regência é feita a partir de pontos longínquos. Ainda que haja uma intermediação das cidades regionais, o uso de certos pedaços do território é decidido por grandes firmas com sede em Buenos Aires ou em metrópoles estrangeiras. É o caso das bacias de exploração de petróleo, capazes de criar, nos dias de hoje, somente pequenas cidades locais de base técnica – como Rincón de los Sauces (Neuquén) – onde os trabalhadores qualificados dialogam diretamente com as sedes das empresas em Houston, sem precisar de níveis urbanos intermediários como as cidades regionais, as capitais provinciais e nem mesmo a capital federal. Situações como essa repetem-se nas demais províncias com importante produção petrolífera, como Río Negro, Chubut, Santa Cruz, Mendoza, Salta e Jujuy. Todas escassamente industrializadas e, por isso, exportadoras de suas riquezas em estado primário. Daí o motivo por que o volume dos *royalties* dos recursos não-renováveis torna-se um dado central nas negociações entre governo nacional e governos provinciais.

A região dos pampas e parte do Nordeste, por sua vez, despontam como áreas contínuas de uma agricultura crescentemente moderna e científica. Esta não é, porém, privilégio dos pampas, pois avança com ritmo importante sobre as espécies frutíferas tradicionais e com a introdução de novos cultivos. Diversas áreas agrícolas são remodeladas para aumentar suas densidades técnicas e informacionais, como por exemplo os vales alto e médio do Río Negro e de El Bolsón, as planícies de Entre Ríos, os campos de Tucumán, Salta e Jujuy e os vales de Mendoza, San Juan, La Rioja e Catamarca. Nessas áreas desenvolvem-se ainda as agroindústrias. A antecedência do trabalho intelectual à produção material substantiva-se em novos planejamentos empresariais que introduzem os imperativos atuais de qualidade, sanidade, embalagem, cotas de exportação, publicidade e circulação acelerada, entre outras características.

Na política das grandes empresas casam-se, como a mão e a luva, preocupações claramente setoriais e ambições globais, pois seu território é o mundo. Mas é o Estado nacional que facilita a potencialização dos projetos individuais. Por isso combinam-se nos lugares normas globais modernas, normas nacionais e locais por vezes envelhecidas e por vezes modernizadas, e diretivas das próprias grandes empresas.

A imposição da velocidade do setor é um dos fundamentos da

lógica atual das empresas. É essa velocidade que acaba por selecionar os participantes na chamada abertura da economia. Trata-se na verdade de uma brecha no arcabouço normativo que a um só tempo garante o ingresso dos agentes pioneiros e os protege de eventuais concorrentes no uso do território nacional.

A nova estrutura do país está constituída por pontos e manchas de um meio técnico-científico-informacional vinculados à atual divisão territorial do trabalho e por áreas pouco modernas que abrigam os objetos e as ações de uma divisão territorial do trabalho pretérita. Áreas de agricultura e criação de gado modernas, pontos do turismo internacional, de exploração petrolífera, de gás e hidrelétrica, e segmentos modernos do espaço metropolitano retratam o meio técnico-científico-informacional. Todavia, como em uma pintura impressionista, as sombras também aparecem no retrato: aqueles sistemas de engenharia envelhecidos, destinados à agricultura e à criação de gado menos valorizadas ou de subsistência, as indústrias obsoletas, as áreas pobres das economias urbanas.

Impõe-se, com diferenças regionais próprias das diversas combinações de objetos técnicos e de formas de fazer, um modelo social e territorial excludente. É um espaço segmentado, que compartimenta as novas ações humanas.

INDICAÇÕES PARA LEITURA

Para maior compreensão da teoria utilizada, recomendamos as seguintes obras de Milton Santos: *A natureza do espaço. Técnica e tempo. Razão e emoção* (Hucitec, São Paulo, 1996); *Técnica, espaço, tempo* (Hucitec, São Paulo, 1994); *Metamorfose do espaço habitado* (Hucitec, São Paulo, 1988); *Espaço e método* (Nobel, São Paulo, 1985); *Por uma outra globalização. Do discurso único à consciência universal.* (Record, Rio de Janeiro, 2000).

Para aprofundar a análise da Argentina, citamos:

María Laura Silveira. *Um país, uma região. Fim de século e modernidades na Argentina.* Fapesp-Laboplan-USP, São Paulo, 1999 (neste livro me debruço com maior profundidade teórica e empírica sobre a Argentina);

Perla Zusman. *Tierras para el Rey. Tres fronteras y la construcción colonial del territorio del Río de la Plata (1750-1790).* Tese de doutorado. Departamento de Geografía, Universidad Autónoma de Barcelona, 2000 (oferece uma análise crítica e detalhada sobre o processo de ocupação do território e sobre a formação do vice-reinado com base em uma perspectiva geográfica);

Braivslosky, Antonio E.; e Foguelman, Dina. *Memoria Verde. Historia ecológica de la Argentina.* 3 ed., Sudamericana, Buenos Aires, 1993 (uma síntese da ocupação com base em uma perspectiva histórica do meio ambiente);

Rofman, Alejandro; e Romero, Luis A. *Sistema socioeconómico y estructura regional en la Argentina.* 2 ed., Amorrortu, Buenos Aires, 1974 (revisão crítica da história econômico-regional argentina até os anos 1970);

Rofman, Alejandro. *Las economías regionales a fines del siglo XX: los circuitos del petróleo, del carbón y del azúcar.* Ariel, Barcelona, 1999 (visão contemporânea de algumas das economias regionais).

Lista de mapas

A República Argentina na atualidade - 2002 12

As regiões na atualidade - Argentina - 2002 13

Movimentos colonizadores do século XVI - Argentina 17

Rede ferroviária nacional - Argentina - 1996 23

Rede rodoviária nacional - Argentina - 1996 35

Rede de oleodutos - Argentina - 1996 40

Rede de gasodutos - Argentina - 1996 41

Principais cidades - Argentina - 1991 62

Sobre a Autora

María Laura Silveira é bacharel e licenciada em geografia pela Universidad Nacional del Comahue, da cidade de Neuquén (Argentina), e doutora em geografia humana pela Universidade de São Paulo (USP).

Como professora-assistente, lecionou Teoria e Método da Geografia e Geografia Urbana na Universidad Nacional del Comahue, onde também foi pesquisadora de questões de geografia regional e de geografia urbana.

Ministrou diversos cursos de graduação, pós-graduação e extensão em universidades da Argentina e do Brasil. Atualmente é professora doutora do departamento de geografia da Faculdade de Filosofia, Letras e Ciências Humanas da Universidade de São Paulo e pesquisadora do CNPq no laboratório de geografia política e planejamento territorial e ambiental, do mesmo departamento.

Foi também organizadora, junto com Milton Santos e Maria Adélia A. de Souza, do livro *Território: globalização e fragmentação*, da Hucitec-Anpur, São Paulo, 1993.

É autora do livro *Um país, uma região. Fim de século e modernidades na Argentina*, do Laboplan-USP, Fapesp, São Paulo, 1999; e co-autora, com Milton Santos, dos livros *O ensino superior público e particular e o território brasileiro* (ABMES, Brasília, 2000) e *O Brasil: território e sociedade no início do século XXI* (Record, Rio de Janeiro, 2001).

Publicou mais de 40 artigos em revistas e coletâneas do Brasil, Argentina, Venezuela, Uruguai, México, Colômbia, Equador, Espanha e França.

Coleção SP 21

Um pananorama dos caminhos da metrópole neste novo milênio

Cidade em Pedaços
Neste extenso levantamento sociogeográfico, a vereadora e professora da PUC-SP Aldaíza Sposati mostra que, no caso paulistano, as partes não necessariamente se somam em um todo que podemos chamar de cidade. Com o auxílio de uma série de mapas, a autora revela uma São Paulo partida pelas desigualdades e pela incompetência burocrática.

Cirurgia em Campo Aberto
Como melhor retratar a saúde de uma cidade? Em vez de um frio levantamento estatístico, o jornalista Aureliano Biancarelli preferiu ouvir os relatos e acompanhar a jornada de médicos, curandeiros e pacientes. Esta "Cirurgia em Campo Aberto" disseca os dramas cotidianos de São Paulo, mostrando ao leitor o lado humano da saúde.

Vida e Morte em São Paulo
O médico Marcos Drumond Jr. tem uma rotina diferente da de seus colegas de profissão. Em vez dos vivos, ele trata dos mortos: analisando as razões dos óbitos na cidade – como um dos coordenadores do Pro-AIM –, ele identifica os maiores riscos para a saúde dos paulistanos, ajuda a definir prioridades nas políticas públicas e a aumentar a expectativa de vida em São Paulo.

A Metrópole do Trabalho
Para explicar como a cidade que não podia parar transformou-se no maior centro de desempregados do Brasil, o economista Marcio Pochmann foi buscar as raízes históricas do trabalho em São Paulo, das Bandeiras à industrialização, passando pela escravidão. Para além das causas do problema, o autor aponta as tendências do emprego na cidade.